Gana $100 por día con el marketing de afiliados

e qué hablaremos en esta guía:

1. ¿Qué significa marketing de afiliación?
2. Cómo funciona el marketing de afiliación
3. 6 excelentes razones para ser un afiliado
4. ¿Cuánto dinero puedes hacer realmente?
5. Cómo iniciar el marketing de afiliados con un sitio web
6. Cómo iniciar el marketing de afiliados sin un sitio web
7. Cómo encontrar los productos a promocionar
8. Cómo obtener tráfico en su sitio web utilizando métodos alternativos
9. Alternativas a ClickBank
10. 12 consejos esenciales para aumentar la productividad
11. ¿Cuál es la forma más rápida de comenzar en línea?
12. Investigación de palabras clave: análisis de la competencia SEO
13. 4 pasos para encontrar nichos de afiliados rentables
14. Cómo elegir un programa de afiliados
15. Lo que quiere el mercado
16. Comprensión de las interacciones del mercado
17. 7 técnicas sobre cómo buscar palabras clave
18. Cómo usar Facebook
19. Cómo usar Twitter
20. La importancia del e-mail marketing

PREFACIO

timado lector,

 primer lugar, le agradezco la compra de esta guía. Mi objetivo es guiarlo paso a paso para
menzar a trabajar en línea, especialmente en Marketing de afiliados.

 esta guía aprenderá qué es el marketing de afiliación y cómo funciona. También
scubrirá por qué es FANTÁSTICO ser un afiliado, cuánto dinero puede ganar y cómo puede
menzar.

ataré de ser muy básico en la explicación a partir de la definición simple de Marketing de
liados hasta que pueda explicar en detalle todo lo que necesita y no tiene que hacerlo para
menzar a ganar realmente en esta realidad.

 quiero hablar mucho, vamos a empezar de inmediato. Buena lectura

Todos los secretos sobre cómo ganar de $ 20,000 a $ 100,000 por mes con programas de afiliados

1. ¿Qué significa marketing de afiliación

La palabra Afiliado significa Afiliado, mientras que la palabra Marketing se deriva de Market, que significa Mercado. Por mercado nos referimos a todas aquellas Compañías que ofrecen Afiliados, de hecho, un porcentaje de ganancia en todas las ventas derivadas de su enlace de afiliado.

Por definición, el marketing de afiliación es:

"Un sistema basado en Internet donde a usted (como afiliado) se le paga para reportar ventas o clientes a una compañía".

2. Cómo funciona el marketing de afiliación

El marketing de afiliación es una de las formas más eficientes de ganar dinero en línea, donde al promocionar productos o servicios, usted gana un cierto porcentaje como comisión de las ventas realizadas por usted, a través de un enlace especial que el comercializador le dará después del registro correspondiente. Las ventas se realizan en la web, a través de un sitio web con pancartas, a través de sitios promocionales o campañas publicitarias.

Esto significa que el dinero se deriva de las ventas del producto promocionado. Lo que necesita saber es que los servicios o productos que usted promueve son proporcionados por otros y usted, solo tiene que preocuparse por la venta.

Es un poco como un agente de bienes raíces que no es dueño de las casas que vende, sino que las promueve en nombre de sus clientes y gana un porcentaje del precio de venta de cualquier propiedad vendida.

Habiendo dicho esto, ahora aprendemos cómo ganar dinero con el marketing de afiliación.

La imagen de abajo muestra un sitio con un banner que promociona un producto, en este caso una cámara

Quale fotocamera compatta comprare

di Salvatore Aranzulla

Molti smartphone sono in grado di scattare fotografie bellissime, ad altissima risoluzione e con colori brillanti. Però quando il gioco si fa duro, ossia quando bisogna scattare molte foto in un arco di tempo ristretto (es. in vacanza o durante una festa) e non si vuole correre il rischio di rimanere con la batteria a zero è meglio affidarsi a dispositivi ad hoc, come le fotocamere compatte. Dette anche **point and shoot**, uniscono la semplicità di utilizzo degli smartphone all'affidabilità delle macchine fotografiche tradizionali.

Non sono avanzate come le costosissime Reflex ma in contesti come quelli familiari o vacanzieri vanno più che bene (a meno che non si abbiano velleità di tipo artistico o professionale, questo è chiaro). Non per tutti i modelli valgono queste regole, però: negli ultimi anni si sono fatte avanti anche le cosiddette "compatte evolute", che uniscono al corpo minuscolo tipico delle point-and-shoot, una complessità nei comandi paragonabile a quella dei modelli di Reflex entry-level o di fascia media. La qualità è spesso inferiore, ma la comodità semplicemente non paragonabile.

Cuando alguien interesado hace clic en el banner, se dirige al sitio web del comerciante.

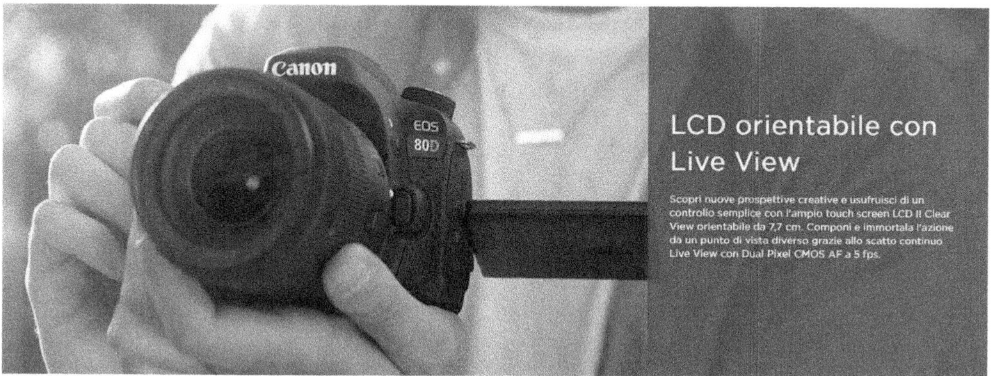

El comerciante es la persona o empresa que crea y es propietaria del producto. Ahora le toca al comerciante conseguir que esa persona compre. Si la persona decide comprar, el afiliado (usted en este caso) que lo envió al sitio gana una comisión, que es un porcentaje del precio de venta del producto. Simple, ¿verdad?

Hay varias formas de colocar enlaces de afiliados en su sitio web, una de las formas más populares de agregar enlaces además de banners es simplemente incluirlos en su contenido.

Si tiene un sitio como este ejemplo que habla sobre cámaras, puede vincular palabras con un enlace de afiliado, que si hace clic abre la página de su producto.

3. 6 excelentes razones para ser un afiliado

1. **Los costos de inicio son muy bajos.** Para iniciar un negocio regular en el que usted alquila el espacio de venta minorista y el inventario de inventario, puede recuperar fácilmente decenas de miles de dólares. Como afiliado, puede comenzar por el costo de una hamburguesa y papas fritas.

2. **Usted no necesita personal.** No más políticas de oficina y no manipulación de la nómina desordenada. Cuando comienza como afiliado, puede hacerlo todo solo, y cuando llegue el momento de hacer crecer su negocio, es fácil subcontratar.

3. **Ni siquiera necesitas un producto.** Simplemente tienes que promocionar productos ya a la venta. Ya sea un libro electrónico sobre entrenamiento para mantenerse en forma o una cámara, siempre hay un producto que puede vender como afiliado.

4. **No necesita ningún conocimiento experto para vender productos de afiliados.** Si desea ser un afiliado de productos para perder peso, entonces no necesita un doctorado en nutrición o ejercicio. Todo lo que necesita es una mentalidad de buena voluntad para aprender y la capacidad de comercializar los productos de afiliados adecuados para las personas adecuadas.

5. **Gana un ingreso pasivo.** Es un poco como el dinero que ganas si compras una casa y luego la alquilas: mientras seas dueño de esa casa y la alquiles, ganas dinero. En un trabajo normal, solo se le paga una vez por el trabajo que realiza, pero como afiliado puede continuar ganando desde el mismo día laborable, todos los días, las 24 horas del día.

6. **La oportunidad de ganar pasivamente.** No estoy diciendo que estarás sentado en la playa tomando Piña Colada y que solo trabajarás una hora al día después de tu primer mes como afiliado. Sin embargo, tiene el poder de trabajar cuando le apetece y tiene una vida más flexible. Te conviertes en la cabeza de ti mismo, ¿no es hermoso?

4. ¿Cuánto dinero puedes hacer realmente?

Como cualquier trabajo real, todo depende de cuánto esfuerzo haya puesto y cuán seriamente lo tome. Por ejemplo, si trabaja solo una hora al día, o pasa la mayor parte del tiempo revisando correos electrónicos en lugar de hacer el trabajo, es posible que no gane mucho dinero.

Pero si está realmente dedicado y trata su marketing de afiliación como un negocio real, y si obtiene el 100% cada vez que se sienta desde su computadora, definitivamente puede obtener un **ingreso de tiempo completo**.

Es importante recordar que en Italia, el marketing de afiliación no está muy extendido. Permítame explicarlo mejor, no está tan extendido como en Estados Unidos y, como resultado, no hay muchos productos para vender. Por lo tanto, le sugiero que primero verifique los productos que tiene disponibles o desplace su interés a otros mercados. (por ejemplo, América, Canadá, etc.)

Hagamos algunos cálculos rápidos sobre cuánto puede hacer realmente como afiliado. Imagina promocionar "Singorama", un curso de capacitación para aprender a cantar muy popular.

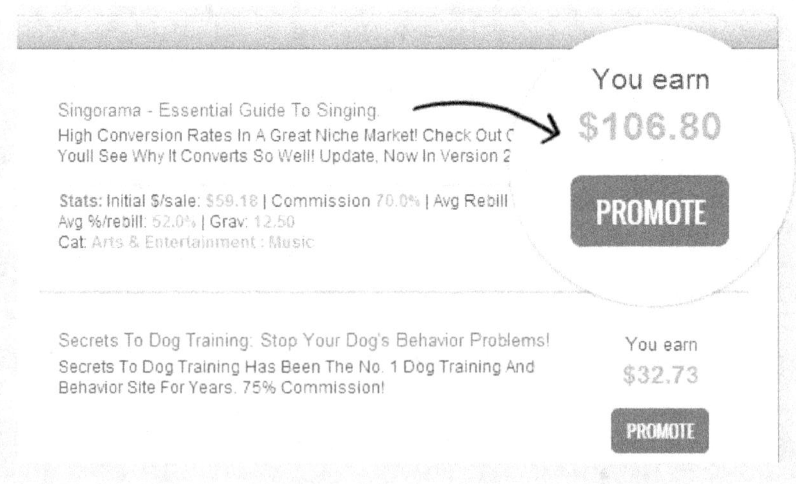

Si solo pudieras obtener UN día de venta de Singorama (y créeme cuando te digo que hay muchos afiliados que hacen mucho más que esto), ganarías $ 747.60 por semana, que es de $ 3.204 por mes y $ 38.982 por año.

Estarás de acuerdo conmigo en que se convierte en un trabajo en todos los aspectos y que las ganancias son excelentes.

5. Cómo iniciar el marketing de afiliados con un sitio web

Ahora te daré una visión general del proceso de marketing de afiliación para tener una idea de cómo funciona todo y luego te daré un ejemplo para usar como referencia.

Es importante que conozca todo el proceso para que no se sienta abrumado, así que terminaré con un esquema de lo que puede comenzar de inmediato. Así que sumérgete en él y descubre qué hay involucrado.

El proceso de marketing de afiliación

1. Elige un tema

Primero, elija un tema que le interese y que también tenga un gran potencial de mercado. Piense en algo que le guste y evalúe si hay muchos productos asociados o una gran audiencia. Puede encontrar un tema (o "nicho", como lo llaman los afiliados) con un poco de investigación.

2. Encuentra productos para promocionar

Una vez que haya elegido un nicho, encuentre algunos productos que pueda promocionar. Hay sitios web llenos de productos (llamados redes de afiliados). Una vez que encuentre el producto que desea promocionar, obtendrá un enlace de afiliado.

3. Construir un sitio web

A continuación, necesita crear un sitio web! WordPress y sitios similares hacen que sea muy fácil para cualquiera crear un sitio web de calidad. (incluso a los que no saben nada de programación)

4. Llena tu sitio web con contenido relevante

Llene su sitio web con contenido que sea útil para las personas que estén interesadas en su nicho y coloque sus enlaces de afiliados en los lugares más relevantes. De esta manera, cuando alguien interesado en su contenido haga clic en su enlace, acceda a una página de ventas del producto en el que podría estar interesado y, si lo compra, recibirá una comisión!

5. Promociona tu sitio web

Cuando lo haya configurado, todo lo que tiene que hacer es promocionar su sitio web para que pueda llevar más gente a su contenido y un mayor potencial para comisiones relacionadas con las ventas. Hay muchas estrategias de marketing diferentes, desde la publicidad hasta las redes sociales, pero no tendrá que preocuparse por esta parte inmediatamente.

Ejemplo de referencia

Tema: Pérdida de peso

Supongamos, por ejemplo, que me interesa perder peso. Haría una investigación sobre Google Trends usando palabras relacionadas con mi investigación, y en este caso descubriría que hay un mercado fuerte interesado en perder peso.

Encontrar productos en una red de afiliados: ClickBank

Cree una cuenta en ClickBank y comience a seleccionar los productos disponibles según su búsqueda.

Construye un sitio web: hosting, nombre de dominio y WordPress

Ahora necesita un proveedor de alojamiento (un lugar para colocar el sitio web en Internet) y un nombre de dominio (por ejemplo: www.perderepeso.com), luego instale WordPress para que pueda comenzar a jugar con la apariencia de su sitio web Hay muchos temas gratuitos para WordPress si no tienes una gran oportunidad, o si puedes puedes comprar uno de alta calidad.

Llene el sitio web con contenido relevante: artículos útiles sobre pérdida de peso

Para llenar su sitio web con contenido relevante y de calidad, puede escribir artículos sobre pérdida de peso o subcontratar este trabajo a otra persona, si no fuera un gran escritor, buscaría en un sitio como Upwork (pago) para encontrar el talento que tiene necesita obtener contenido de calidad.

Promociona tu sitio web: SEO, redes sociales, publicidad

Hay algunas cosas que puede hacer para promover su sitio web con la esperanza de atraer más visitantes a su sitio web. Por ejemplo, mientras agrega contenido, asegúrese de estar haciendo al menos algo de optimización básica de motores de búsqueda (SEO). Escriba artículos de calidad de tal manera que los motores de búsqueda crean que su sitio tiene información importante cuando las personas ingresan palabras de búsqueda sobre la pérdida de peso.

Además de SEO, crea una página en redes sociales y promueve contenido. Recuerde que las redes sociales son importantes para difundir y compartir sus páginas. (lea las lecciones 18 y 19) Puede anunciar su sitio de forma gratuita en Social Traffic, donde también puede patrocinar directamente sus enlaces y banners de afiliados.

Evite sentirse abrumado: dé un paso a la vez

Es fácil sentirse abrumado al principio porque todo el proceso no es exactamente pequeño, pero nunca tendrás que intentar hacerlo todo al mismo tiempo. Puedes dar un paso a la vez, y cuando lo hagas, descubrirás que no es tan difícil.

El marketing de afiliación es una forma real de construir su negocio en línea, y con un poco de trabajo duro y tiempo puede llevar a un ingreso en línea sólido.

Así que no te abruman tratando de leer todo de inmediato. Es demasiado para tomar todo a la vez. Lo más importante es hacer todo con calma, sin prisas.

6. Cómo iniciar el marketing de afiliados sin un sitio web

La creación de un sitio web es la forma más común en que los afiliados se lanzan al mundo del marketing de afiliación y, si está interesado en crear un negocio a largo plazo, deberá crear un sitio web.

Sin embargo, si aún está aprendiendo sobre diseño web o simplemente no está interesado en crear un sitio web, hay otras formas de patrocinar sus enlaces de afiliados, veamos cómo iniciar el **Marketing de afiliados** sin un sitio web.

Recuerde: la clave del éxito con el marketing de afiliación es obtener una venta de una audiencia interesada a través de su enlace de afiliado: ¡cómo usted decide hacerlo depende de usted! Aquí hay algunos métodos que puede probar:

- **Promociona tus productos a través de campañas publicitarias en Facebook**

Facebook es la red social más famosa y conocida del mundo, visitada cada día por millones de usuarios y, si realiza una buena campaña publicitaria, seguramente obtendrá excelentes resultados. Muchos afiliados utilizan esta red social para obtener ganancias, y es un excelente recurso que puede utilizar. Además, tiene la oportunidad de realizar campañas específicas al elegir la edad, o solo las mujeres, etc. No publique enlaces en su muro personal ni comparta el enlace con amigos, los resultados son muy pobres. Te sugiero que crees una campaña publicitaria. (lea la lección 18)

- **Publicar en Blog y Foro**

Esta es una forma muy simple de obtener un gusto por el marketing de afiliación: todo lo que necesita hacer es encontrar un producto que desee promocionar y luego comenzar a publicar en blogs y foros con su enlace de afiliado en su firma.

Obviamente, solo tiene que publicar en blogs y foros donde las personas puedan estar interesadas en el producto, no obtendrá muchas ventas por un producto para perder peso en un foro para entusiastas de los automóviles.

De la misma manera, descubrirá que tiene mucho más éxito si crea publicaciones útiles e interesantes y si se convierte en un usuario habitual del foro. Una vez que esto se establezca, las personas comenzarán a respetar tu opinión y estarán más inclinadas a hacer clic en tu enlace. Si simplemente publicas en un blog o foro con publicaciones innecesarias, es muy probable que seas expulsado y tus publicaciones eliminadas.

- **Escribe un libro electrónico viral o algún otro producto "viral"**

Un producto "viral" está diseñado para propagarse (a menudo rápidamente) a muchas personas; esta puede ser una excelente manera de anunciar sus enlaces de afiliados sin tener que crear un sitio web. Puede escribir un libro electrónico corto de 30 páginas sobre un tema en particular, publicar enlaces a sus productos de afiliados y luego distribuir su libro a través del medio que desee. Puedes venderlo por una pequeña cantidad en Amazon o eBay, por ejemplo.

Si su libro es informativo y útil, en lugar de estar simplemente cargado de anuncios de afiliados, puede encontrar que se propaga bastante bien.

- **Promociona tus enlaces o banners de afiliados a través de sitios específicos de marketing**

Uno de los muchos sitios que quiero recomendar es <u>Social Traffic</u>, este sitio trata con Marketing y usted puede anunciar fácilmente sus enlaces o banners, es excelente incluso si desea anunciar su sitio y sus páginas sociales. Es un sitio completo de Marketing Digital.

- **Crea una serie de videos en YouTube**

YouTube ha conquistado el mundo con mil millones de visitantes únicos por mes. Puedes usar esto para tu ventaja. No se necesita mucho más que una cámara web y algunas ideas extrañas o informativas para hacer que un canal funcione. De esta manera puede agregar enlaces de afiliados en su descripción o video y convertir a algunos de esos fanáticos y visitantes en ganancias.

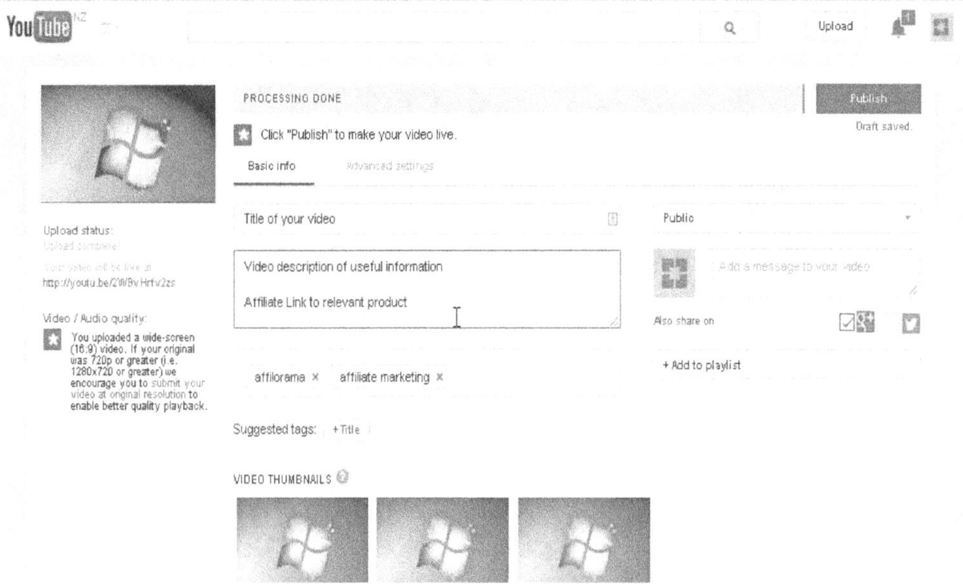

Elija un nicho y cree una serie de videos relacionados con ese tema, con una promoción de afiliados relacionada. De esta manera, es más probable que los espectadores que recibas estén interesados en el producto afiliado, ya que ya tienen cierto interés en ver tus videos.

Hay dos reglas principales para hacerlo, sin embargo, que DEBES respetar:

1. **El contenido debe estar lleno de valor para los espectadores. La ganancia financiera debe ser secundaria a esto.**
   Si, obviamente, su video solo está allí para que gane dinero con un enlace, aparecerá como spam y sus esfuerzos serán inútiles. Producir algo útil es mucho más exitoso y de esta manera obtenemos la atención y el respeto de los clientes potenciales..

2. **No seas engañoso!**
   Si su video no está relacionado con su enlace o el título o la descripción reclama algo que no está en el video, está violando las <u>políticas de YouTube</u>. Esto también es algo para evitar.

Básicamente, el video marketing en YouTube puede ser un riesgo, porque los enlaces de los afiliados pueden aparecer como spam, pero la mejor manera de evitarlo es ser honesto y útil. Evita el comportamiento del spam. Algunas opciones de contenido de calidad podrían incluir:

- Reseñas de productos honestos e informativos

- Video didattici (ad esempio, se la tua nicchia fosse cibo e nutrizione, potresti fare dimostrazioni di cucina)

- Discusiones temáticas (por ejemplo, consejos para mantener los alimentos frescos o datos nutricionales interesantes)

Solo tiene un enlace en la descripción, y posiblemente uno en el video si es extremadamente relevante (como una revisión de video del producto). Si desea ser particularmente cuidadoso, tenga en cuenta en algún lugar que es un afiliado o que el enlace es un enlace de afiliado y contáctese con YouTube para aclararlo de inmediato. Si sus videos tienen un valor para el espectador y esto se destaca más que sus esfuerzos por ganar dinero, esto no debería ser un problema.

- **Promocione productos de afiliados a través de anuncios PPC (Pay Per Click)**

Dejé este último método porque, francamente, no es lo que recomiendo. Este método consiste en crear campañas de pago por clic a través de motores de búsqueda como Google o Bing, promocionando el sitio web del comerciante directamente a través de su enlace de afiliado.

Entonces, en lugar de utilizar PPC para promocionar su sitio web, envíelo directamente al comerciante.

Hay un par de aspectos negativos de este método.

1. En primer lugar, con Google AdWords en particular, solo habrá una lista de pago para un sitio web particular que se vea en un momento dado. Esto significa que, en lugar de competir contra otros anunciantes por uno de los ocho puntos de la página, compite solo por un punto. Si ofrece una gran cantidad y escribe un anuncio interesante, es posible que vea aparecer su anuncio, de lo contrario puede olvidarlo.

2. En segundo lugar, usted no tiene control sobre la calidad de la página del comerciante. Cada vez más motores de búsqueda miran la página que está promocionando y deciden si esto ofrece una buena experiencia para sus usuarios. Si el sitio del comerciante tiene un contenido de poca o mala calidad, puede terminar pagando una cantidad mucho mayor por sus anuncios.

Siempre hay nuevos afiliados que ven esto como una forma rápida y fácil de comenzar, pero realmente recomiendo que pruebes los otros métodos que introduje por primera vez.

7. Cómo encontrar los productos a promocionar

Uno de los mejores lugares para comenzar al iniciar el Marketing de afiliados es investigar con qué programas de afiliados puede trabajar. Ahora veamos **como encontrar productos en afiliación**. Echemos un vistazo más de cerca a ClickBank, una de las redes de afiliados más grandes en Internet y donde se encuentran algunos productos de alta gama, y les mostraré otras redes para que puedan verlas.

Pero primero comencemos con lo que es una red de afiliados?

Introducción a las redes de afiliación

Las redes de afiliados son los coordinadores del mundo afiliado. Ellos coordinan entre el comerciante y el afiliado, son responsables del procesamiento de los pagos por parte del cliente, realizan un seguimiento de las comisiones del afiliado y pagan a los afiliados.

Son un buen lugar para comenzar cuando busca productos de afiliados para promocionar, ya que muchos tienen un directorio que puede consultar por tema.

Echemos un vistazo ahora a: **ClickBank**

ClickBank es una de las mejores redes de afiliados para productos digitales, como software y libros electrónicos. Lo bueno del software y los libros electrónicos es que tienden a tener comisiones mucho más altas en comparación con los productos físicos. (Probablemente pueda comprender por qué: el software y los libros electrónicos no tienen costos de producción por artículo, por lo que los comerciantes no tienen que preocuparse por las comisiones de afiliados que reducen los márgenes). Las tarifas entre el **50%** y el **75%** son razonablemente Común para productos digitales.

Si hace clic en "Market", se lo dirigirá al directorio de productos afiliados de ClickBank: aquí puede consultar los programas de afiliados por tema:

Todos los secretos sobre cómo ganar de $ 20,000 a $ 100,000 por mes con programas de afiliados

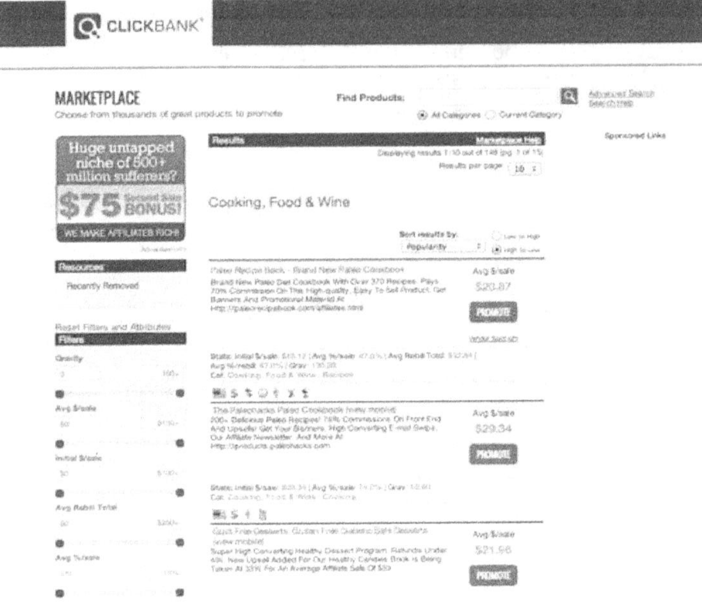

ClickBank proporciona algunas estadísticas sobre los programas de afiliación en sus listados.

Initial $/sale = Cuánto ganas por cada venta

Avg %/sale = ¿Qué porcentaje del precio de venta compensa su corte?.

Avg Rebill Total = Si el producto tiene facturación recurrente (por ejemplo, suscripciones mensuales), esta es la cantidad de dinero que podría esperar más allá de la venta inicial. Si el producto no tiene facturación recurrente, esta cifra estará vacía.

Avg %/Rebill = Este número se muestra solo si el vendedor ofrece productos con facturación recurrente y muestra la tasa de comisión promedio obtenida en esa parte del ingreso.

Gravity = Proporciona una indicación de qué tan caliente está un producto actualmente. Los productos de alta gravedad tienen una gran cantidad de afiliados que ganan dinero vendiendo este producto, mientras que aquellos con baja gravedad tienen relativamente menos afiliados que venden el producto. Tome esta cifra con una pizca de sal, ya que está abierta a la manipulación, pero en general probablemente querrá ver los productos que tienen una cantidad decente de actividad de afiliados, ya que esto obviamente significa que las personas están ganando dinero con ellos.

Registrarse para convertirse en un afiliado de ClickBank es un proceso bastante simple: haga clic en "Registrarse", ingrese sus datos según sea necesario, haga clic en "Enviar" y siga las instrucciones.

Todos los secretos sobre cómo ganar de $ 20,000 a $ 100,000 por mes con programas de afiliados

Una vez que tenga su ID de ClickBank, podrá promocionar cualquier producto en la red de ClickBank. Cuando navegue por los productos, verá un enlace a "Promocionar".

Haga clic en "Promocionar", luego haga clic en "Generar HopLinks" (generar enlace de afiliado), saldrá inmediatamente después de su enlace para promover, haga clic en "Copiar HopLink" y podrá comenzar a promocionar su producto.

Debe usar HopLink cada vez que se conecte al sitio del comerciante. Si simplemente se conecta con el sitio del comerciante utilizando la dirección habitual del sitio web, no recibirá crédito por los visitantes que hagan clic en el enlace y luego compren, ¡ya que no serán rastreados!

Inicie sesión en su cuenta de ClickBank
Cuando usted pertenece a una red de afiliados, puede verificar cuánto ha ganado ingresando a su cuenta y revisando sus estadísticas. ClickBank agrupa las comisiones de toda la cuenta en una cantidad diaria, que se muestra en la primera página cuando inicia sesión.

Weekly Sales Snapshot

Week Ending	Gross Sales
Dec 08 (current week)	$1,680.10
Dec 01	$1,765.15
Nov 24	$1,441.39
Nov 17	$1,461.45
Nov 10	$1,585.70

Daily Sales Snapshot

Mon	Dec	06	$152.09
Sun	Dec	05	$196.61
Sat	Dec	04	$344.27
Fri	Dec	03	$259.43
Thu	Dec	02	$448.78
Wed	Dec	01	$278.92
Tue	Nov	30	$254.94
Mon	Nov	29	**$316.03**
Sun	Nov	28	$188.46
Sat	Nov	27	$192.11
Fri	Nov	26	$173.92
Thu	Nov	25	$456.94
Wed	Nov	24	$182.75
Tue	Nov	23	$67.00
Mon	Nov	22	**$184.21**

También puede profundizar sus estadísticas y desglosarlas por producto en la sección de informes.

Esta fue una introducción básica a ClickBank. Sin embargo, hay muchas otras redes de afiliados que podría considerar. Otras redes que puedes echar un vistazo son:

Otras redes de afiliación (profundizando la lección 9)

- PayDotCom: https://paydotcom.com
- ShareASale: https://shareasale.com
- Rakuten Marketing: https://rakutenmarketing.com
- ClixGalore: https:www.clixgalore.com

Otras formas de encontrar programas de afiliados
Algunas compañías operan fuera de las redes de afiliados, por lo que no las verá en los directorios. Si desea promocionar una empresa en particular o un producto específico, le

sugiero que busque en la empresa o el producto en Google y realice la solicitud de afiliación. Tenga en cuenta que casi todas las compañías tienen un programa de afiliados en su sitio, como Apple, Nike, Adidas, Samsung, Huawei y muchos otros. Simplemente vaya a su sitio y encuentre el elemento del **Programa de afiliados** que se encuentra a continuación.

En este punto, solo tiene que registrarse y esperar que la solicitud sea aceptada. Muchas grandes empresas y conocidas como las mencionadas anteriormente, tienen una gran solicitud de afiliación y su selección está mucho más extendida. Pero intentarlo no te cuesta nada.

8. Cómo obtener tráfico en su sitio web utilizando métodos alternativos

El pago por clic (PPC) y la optimización del motor de búsqueda (SEO) no son las únicas formas de atraer visitantes a su sitio. En esta lección, le muestro **cómo obtener tráfico a su sitio web utilizando métodos alternativos**.

Los afiliados exitosos generalmente hacen un punto de diversificación de sus fuentes de tráfico: confiar demasiado en cualquier fuente de tráfico deja a su empresa vulnerable a los caprichos de los motores de búsqueda, o cambios dramáticos en los costos de PPC. Si está solo en PPC y SEO para obtener tráfico a su sitio, es posible que tenga problemas cuando la situación se vuelva agria. Además, al limitarte a los métodos SEO o PPC, podrías perder mucho tráfico potencial. Aquí hay un par de maneras de mezclar las cosas un poco:

Enlaces de otros sitios
Obtener enlaces a su sitio es una parte extremadamente importante para ser un afiliado exitoso. No solo proporcionan un poco de tráfico a su sitio, independientemente de los motores de búsqueda, sino que también ayudan a su posicionamiento en los motores de búsqueda.

Si bien la vinculación es una parte importante de la optimización del motor de búsqueda, trate de no pensar en los vínculos únicamente en términos de los beneficios SEO que ofrecen. Es posible que pueda obtener enlaces de los sitios que se encuentran a continuación, pero que ofrecen una gran cantidad de tráfico de alta calidad a su sitio. Recuerde siempre que su propósito es atraer visitantes a su sitio y que cualquier enlace que le transmita tráfico es un éxito para usted, independientemente de si le ayuda a mover los motores de búsqueda.

Publicación en foros y blogs
Los foros y los blogs pueden ser lugares excelentes para promocionar su sitio web, siempre que la promoción sea delgada y forme parte de otro contenido útil que haya agregado a la conversación; Si simplemente bombardeas un foro aleatorio con tus URL, se te prohibirá. Del mismo modo, si publicas comentarios innecesarios, como una auto-promoción mal disfrazada, tus publicaciones probablemente serán eliminadas.

El mejor método es encontrar algunos blogs y foros de alto tráfico en su mercado y dedicar un tiempo a leer y familiarizarse con las discusiones. Comience a responder a las publicaciones con comentarios útiles para construir gradualmente una reputación como un colaborador genuino y útil. Una vez que se haya establecido como un miembro valioso, las personas estarán más interesadas en ver qué más tiene que decir en su sitio web o en consultar los productos que recomendaría en su firma.

Como ya se mencionó, no rechace los foros y blogs simplemente porque un enlace de ellos no ayudará a su SEO. Recuerde que es el tráfico que está buscando, y si el tráfico proviene de estos blogs o foros, entonces esta es una promoción exitosa.

9. Alternativas a ClickBank

Hice la investigación por usted y compilé información sobre las diez mejores alternativas a Clickbank. De esta manera, puede aprender todo lo que necesita saber sobre una red de afiliados, en lugar de buscar en toda la web.

Aprenderá un poco sobre cómo funcionan y lo que puede esperar, así como también cómo se compara con Clickbank. Al final hay un resumen para que todo sea más fácil. Vamos a empezar.

1 - Rakuten LinkShare

Rakuten LinkShare ofrece programas de afiliación de grandes marcas, pero tiene que solicitar para promocionarlos y no siempre es fácil ser aceptado. Mejor para aquellos con alguna experiencia ya.

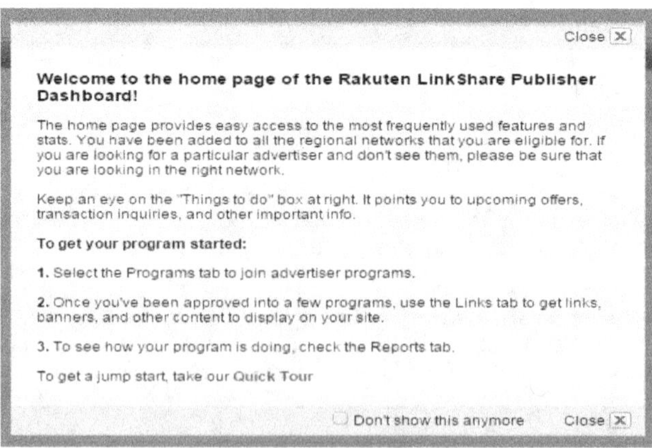

Rakuten LinkShare es una red de afiliados para productos físicos con una amplia gama de opciones de productos, incluidas algunas marcas conocidas.
El proceso de registro y movimiento dentro de él es un poco más complicado que otras redes. Dicho esto, te dan alguna información.
El correo electrónico de bienvenida que recibe después de registrarse proporciona mucha información útil sobre cómo comenzar, y cuando se conecta por primera vez, hay una pequeña ayuda con consejos.

Cuando navega por el catálogo de productos para promocionar, debe solicitar la aceptación de cada anunciante.

Esto significa que debe esperar la aprobación y cumplir con los estándares del anunciante antes de poder promocionar sus productos. Además, debido a lo que los profesionales de marketing están pagando por usar esta red, las tasas de comisión son más bajas que otras redes.

Cómo Rakuten LinkShare se compara con ClickBank

- Clickbank es rápido y fácil de registrar, mientras que Rakuten LinkShare es mucho más complicado y elaborado.
- La aceptación de Clickbank es instantánea para todos los productos, mientras que no se garantiza que sea aceptado para promocionar los productos que desea con Rakuten LinkShare.
- A diferencia de Clickbank, LinkShare es una red de productos físicos.
- Hay grandes marcas en LinkShare, mucho más grandes de lo que podrías encontrar en Clickbank.
- La desventaja de esto es que cuanto más grande sea la marca, menos probable será que aprueben la promoción del producto.
- Si usted es un afiliado de marketing con alguna experiencia, en LinkShare puede encontrar justo lo que necesita.

2 - Affiliate CJ

CJ Affiliate es fácil de usar y está lleno de estadísticas útiles. Existe una gran variedad de tipos de productos para promocionar.

Con CJ Affiliate, debe solicítar ser aceptado por los anunciantes. Esto lleva algún tiempo en comparación con la aceptación inmediata de muchas otras redes (como ClickBank).

Sin embargo, generalmente no es demasiado difícil ser aceptado por la mayoría.

En CJ Affiliate, es fácil filtrar las búsquedas de productos en función de variables como categoría, área útil, idioma, moneda, etc. Esto hace que sea muy conveniente encontrar los mejores productos para promocionar rápidamente.

Una vez que haya identificado los tipos de productos que está buscando, puede refinar aún más sus opciones con la información proporcionada. La red tiene prácticamente todo lo que necesita saber, incluido:

- Ganancias de la red (más verde, mejor!).
- El EPC promedio (ganancias por clic) de los últimos 3 meses.
- El promedio del EPC de los últimos 7 días.
- Cuánto ganará de una venta.

Al hacer clic en cualquier producto se proporcionará aún más información sobre la compañía, incluida una descripción, los términos del programa y más.

El afiliado CJ tiene una amplia variedad de productos para promocionar.

Afiliación CJ en comparación con Clickbank

- El afiliado CJ tiene productos digitales que puede promocionar como Clickbank, pero también tiene productos físicos.
- Necesita obtener la aprobación de los anunciantes, lo cual no es el caso de Clickbank, por lo que es un proceso más lento. Sin embargo, no tuve demasiados problemas para ser aceptado.
- Hay una gran cantidad de información sobre los productos disponibles para comparación, por lo que puede tomar una decisión informada sobre qué promover: ambas redes son realmente adecuadas para esto.

3 - ShareASale

ShareASale es otra red de afiliados conocida con muchas opciones de productos.

Es simple y fácil suscribirse a ShareASale, pero no es la plataforma más sencilla para explorar las funciones disponibles.

Para buscar comerciantes, coloque el mouse sobre los iconos de comerciantes superiores, luego seleccione "Buscar comerciantes" en el menú que aparece.

Las opciones incluyen búsqueda por palabra clave, categoría o una combinación de información en una búsqueda avanzada.

Puede revisar información sobre cualquier producto afiliado, como estadísticas como esta:

Commission Structure	Cookie	Details		
20.00% Per Sale	60 Days			

	EPC	Reversal	Ave. Sale	Ave. Comm
7 Day	$273.27	0.00 %	$92.25	$18.88
30 Day	$246.42	0.00 %	$88.01	$17.91

No es fácil unirse a programas de afiliados. A menudo, tiene que pedirle al distribuidor que revenda sus productos y no siempre es aceptado.

Una característica conveniente que ShareASale ha desarrollado es la capacidad de agregar productos a su "carrito de compras", lo que significa que puede reunir una colección de comerciantes o productos para los cuales desea guardar información, luego solicitarlos, revisarlos o exportar esa información más adelante.

Existe una amplia gama de productos físicos y digitales en esta red.

Cómo se compara ShareASale con Clickbank

- No es tan fácil navegar / usar las funciones en ShareASale como en ClickBank.
- ShareASale tiene productos físicos y productos digitales, a diferencia de ClickBank, que en su mayoría tiene productos digitales.
- Es más fácil guardar listas de productos y / o comerciantes favoritos en ShareASale que en Clickbank debido al sistema de "carrito".
- El proceso de unirse a los programas de afiliados está mucho más involucrado en ShareASale que en ClickBank, ya que a menudo tiene que demostrar que tiene su propio sitio web.

4 – Market Health

Market Health es la mejor solución para los afiliados que buscan promover productos físicos en nichos relacionados con la salud.

Market Health es una red de afiliación con una amplia variedad de productos de salud. Algunas de las categorías incluyen salud general, pérdida de peso, salud del colon, salud

Todos los secretos sobre cómo ganar de $ 20,000 a $ 100,000 por mes con programas de afiliados

masculina, cosmética, salud y belleza, cuidado de la piel, nutrición deportiva y otros.

Es muy fácil de registrar y el sitio es extremadamente simple de usar. Puede navegar por categoría de producto, puede ver sus productos en exhibición o puede ordenar por país e idioma.

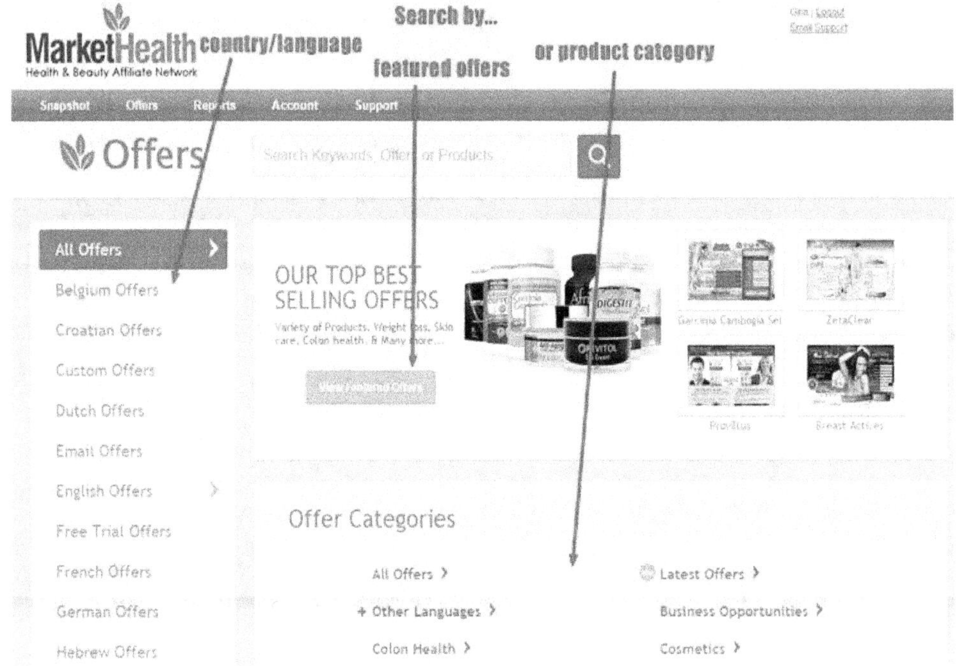

Por lo tanto, es posible examinar la variedad de productos disponibles, cada uno de los cuales indica el CPA (costo por acción). Al hacer clic en un producto específico se abrirá una página que contiene toda la información necesaria sobre el mismo, incluido el pago por conversión, una vista previa de la página de ventas y un enlace de seguimiento.

Puede personalizar su enlace de seguimiento de varias formas, como generar una versión de TinyURL o agregar sub IDs para que pueda examinar el rendimiento de enlaces específicos en un informe de conversión.

Algunos productos también tienen otros recursos disponibles, como banners que puede usar en su sitio. Toda la información sobre esto se encontrará en la página del producto.

Cómo se compara Market Health con Clickbank

- Market Health tiene una gama de productos más pequeña que ClickBank, ya que solo aborda nichos relacionados con la salud.
- Dicho esto, si se encuentra en uno de esos nichos, Market Health es un gran recurso especializado, mucho más que Clickbank.
- Clickbank es una red de afiliación con productos predominantemente digitales, mientras que Market Health gira en torno a productos físicos.

- Clickbank tiene un filtro de gravedad que lo ayuda a seleccionar productos según su tasa de éxito con otros afiliados. Como no hay una versión obvia para esto dentro de Market Health, está un poco más oscuro sobre el rendimiento de un producto dado.
- Para solucionar este problema, siempre puede navegar por la sección de productos destacados si desea jugar de forma segura, ya que han demostrado ser los más vendidos.

5 - Affiliate.com

Affiliate.com tiende a preferir los afiliados medios y avanzados, por lo que si no tiene mucha experiencia, probablemente debería probar primero alguna de las otras redes. No hay tanta información en Affiliate.com como en otras redes, pero lo que encontré fue positivo.

Para suscribirse al sitio, debe completar una solicitud de afiliación, que el sitio examinará dentro de los 2 días hábiles. Recibirá una llamada para confirmar toda su información y será asignado a un administrador de afiliados.

En este momento, Affiliate.com reclama casi 3,000 campañas en vivo en una variedad de categorías, por lo que definitivamente hay una amplia selección para elegir.

Cómo se compara Affiliate.com con Clickbank

- Affiliate.com ofrece ofertas de CPA en lugar de productos digitales.
- Affiliate.com favorece a los expertos en marketing más que a Clickbank, que no requiere experiencia.
- El proceso de solicitud para Affiliate.com es más complicado y requiere esperar la aprobación.
- Affiliate.com tiene administradores de afiliados activos, por lo que es probable que tenga más contactos con ellos que Clickbank.

6 - JVZoo

Una red de productos digitales como Clickbank.

JVZoo es muy similar a Clickbank ya que es una red de afiliados y proveedores basados en productos digitales.

Es fácil de navegar y, al igual que con Clickbank, puede consultar el mercado para tener una idea de los productos que podría promocionar antes de registrarse.

Todos los secretos sobre cómo ganar de $ 20,000 a $ 100,000 por mes con programas de afiliados

Tengo que decir que encontré algunas críticas negativas que me dieron un descanso, y al mirar alrededor encontré algunas lagunas.

Elegí una categoría aleatoria en el mercado para hacerme una idea de los productos, la subcategoría general de la categoría más amplia de superación personal, y descubrí que el primer producto en el que hice clic me llevó a una página de error que decía que La URL no se pudo recuperar. También noté que el mismo producto tenía una gramática terrible, que no me llenó de confianza:

Essential Aromatherapy

Have you always wanted to know what is aromatherapy? Here are some invaluable information on aromatherapy! Do you ever find yourself unable to cope and get through your day? Do you feel the need to soothe your body and mind from the stresses of modern li

Sé que esto parece un poco delicado, y es cierto que muchas personas ganan dinero con JVZoo y que algunos de los productos están bien.

Tim says

December 2, 2014 at 5:43 pm

JVZoo's my primary source as I like to promote internet marketing products. I agree there is some junk on there, but after awhile you get good at spotting the worthwhile programs and recognizing names from previous launches with good reputations so you know what's worth your time.

Reply

Creo que la clave para usar JVZoo es realmente mirar lo que estás promocionando antes de seguir adelante para evitar arriesgar la reputación de tu sitio web por productos de baja calidad. Esto es cierto para cualquier red, pero es especialmente importante aquí.

Cómo se compara JVZoo con Clickbank

- Ambos promueven productos digitales, por lo que es una comparación muy directa.
- La reputación en línea de JVZoo por la calidad del producto es un poco pobre
- Clickbank tiene un proceso de filtrado más claro (como el filtrado por gravedad) para ayudar a los afiliados a encontrar buenos productos para promover
- Ambos son fáciles de explorar, gratis e instantáneo para inscribirse.

7 - PeerFly

Una red de CPA de alta calidad, que se enorgullece de ser personalizada.

Peerfly es otra red de afiliados de CPA, de nuevo con ofertas de alta calidad y una gran reputación, pero tiene que solicitar y ser aprobado.

Este proceso de verificación es realmente una buena cosa. Significa que si eres aceptado, estás en buenas manos. Las redes que utilizan este tipo de esfuerzo no son fáciles de registrar como redes de acceso instantáneo, sino porque valoran la integridad y la calidad. Solo significa que hay un poco de espera para el procesamiento de su solicitud.

Lo bueno de PeerFly es que el software está construido a medida, por lo que es poco probable que se produzcan tiempos de inactividad u otros problemas de alojamiento.

Puedes aplicar para ser un editor desde cualquier parte del mundo. PeerFly tiene opciones de pago convenientes. También puede optar por pagos semanales, por lo que no tendrá que esperar para recibir sus comisiones. El sitio ofrece PayPal, Payoneer, cheques y transferencias bancarias.

También puede acceder a sus estadísticas en su teléfono a través de la página de estadísticas móviles.

Cómo se compara PeerFly con Clickbank

- PeerFly ofrece ofertas de CPA en lugar de productos digitales.
- El proceso de solicitud para PeerFly requiere la espera de aprobación, lo que puede demorar un poco si hay una acumulación de aplicaciones. Clickbank es instantáneo.
- Ambos son muy fáciles de usar.
- PeerFly es más pequeño que Clickbank, pero mucho más enfocado en filtrar productos no deseados y vendedores sombreados.

8 - Amazon Associates

Una gran variedad de productos para promocionar, pero bajas comisiones.

Todo el mundo ha oído hablar de Amazon. Es un gran comercio electrónico y, como afiliado, puede aprovechar esta gran ventaja.

Esta es probablemente una de las redes más amplias que podría promover, con algo para casi todos los nichos. También es extremadamente fácil e inmediato comenzar a promocionar productos.

Usted también obtiene la ventaja de la credibilidad de Amazon. La gente ha oído hablar de Amazon, saben que es un sitio web legítimo y tienen mucha más confianza en comprarlo que en comprar un producto desconocido en un sitio web.

La principal desventaja de Amazon es que las comisiones que puede ganar aquí son muy pequeñas, por lo que debe tener mucho tráfico y realizar muchas ventas para obtener un buen beneficio.

También tiene una pequeña ventana de 24 horas donde sus contactos tendrán que comprar para realizar su comisión.

Puede ser difícil obtener la aprobación. Necesitas un sitio web, porque obtener la aprobación sin él es altamente improbable. Si no recibe mucho tráfico, es posible que no lo acepten, pero sin mucho tráfico, esta red no le dará ningún beneficio.

Cómo Amazon Associates se compara con Clickbank

- Amazon tiene muchos más productos en una gran variedad de categorías en comparación con Clickbank.
- Amazon tiene productos físicos, mientras que Clickbank tiene principalmente productos digitales.
- Las páginas de ventas de Amazon tienen una credibilidad que otras páginas de ventas (como las que se encuentran en Clickbank) no tienen.
- El porcentaje de las comisiones de Amazon es mucho, mucho menor que el de Clickbank.
- Tienes que impulsar muchas más ventas a través de Amazon que Clickbank para obtener una ganancia.
- Debe probar que tiene un sitio web para registrarse en Amazon y debe esperar la aprobación, mientras que el proceso de registro en Clickbank es simple, fácil y rápido.
- Son fáciles e intuitivos de entender y usar.

9 - eBay Partner Network

Gran variedad de productos, pero para tener éxito necesita un sitio web con tráfico de calidad.

eBay Partner Network es una historia muy similar a la red de Amazon Associates. Hay una gran cantidad de productos disponibles para promocionar y usted obtiene la ventaja adicional de la credibilidad de eBay: la gente sabe que es seguro comprarlos en eBay.

Es difícil ser aceptado en esta red, a menos que tenga un sitio web con mucho tráfico de calidad, lo cual es bastante justo, ya que de todos modos necesita un tráfico de calidad para ganar una comisión decente.

Cómo la red de socios de eBay se compara con Clickbank

- La red de socios de eBay tiene muchos más productos disponibles para promocionar que Clickbank.
- EBay Partner Network tiene productos físicos a diferencia de Clickbank, que es predominantemente productos digitales.

Todos los secretos sobre cómo ganar de $ 20,000 a $ 100,000 por mes con programas de afiliados

- Las páginas de ventas de eBay tienen una credibilidad que otras páginas de ventas (como las que se encuentran en Clickbank) no tienen.
- Debe registrarse y tener un sitio web con tráfico de alta calidad para registrarse en la red de socios de eBay.
- Debe esperar la aprobación, mientras que el proceso de registro de Clickbank es simple, fácil y rápido.
- Son fáciles e intuitivos de entender y usar.

Entonces, ¿qué debo elegir?

Dependiendo de las necesidades de marketing individuales, puede elegir una o más redes para promover.

Si está buscando productos digitales, ClickBank es en realidad una de las mejores redes. Tiene altos índices de comisión y una amplia gama de productos para elegir, muchos de los cuales son de buena calidad.

Si no ha encontrado antes lo que está buscando con Clickbank, intentaría usar el filtro de gravedad para encontrar el mejor nicho y los productos antes de rendirme. Alternativamente, si está buscando productos físicos, en lugar de los productos digitales de Clickbank, las mejores opciones son:

- Rakuten LinkShare
- Affiliato CJ
- Market Health

Si tiene mucha experiencia y tráfico o un gran número de seguidores sociales, puede probar la promoción de Amazon y eBay. Se trata de tener la audiencia adecuada para promocionar productos de estos sitios conocidos.

10.   12 consejos esenciales para aumentar la productividad

Muchos de ustedes comenzarán este negocio al tener un trabajo de tiempo completo, por lo que es esencial aprender a aprovechar al máximo las pocas horas disponibles. A veces es incluso más difícil ser eficiente si no tiene todo el día para hacerlo, por lo que en este caso es necesario administrar el tiempo. Por eso, ahora veremos los **12 consejos esenciales para duplicar su productividad**.

1: Utilizar software de gestión del tiempo
Recomiendo ClockingIt.com - es gratis.

Agregue actividades en curso y seleccione una fecha de vencimiento. Cuando comience a trabajar en una tarea, haga clic en el ícono "empezar a trabajar" y Clocking (Iniciar) iniciará el temporizador. Haga clic en el icono nuevamente cuando termine de trabajar en la actividad. Puedes continuar deteniéndote y comenzar hasta que hayas terminado la tarea; en ese momento, Clocking te dirá cuánto has pasado.

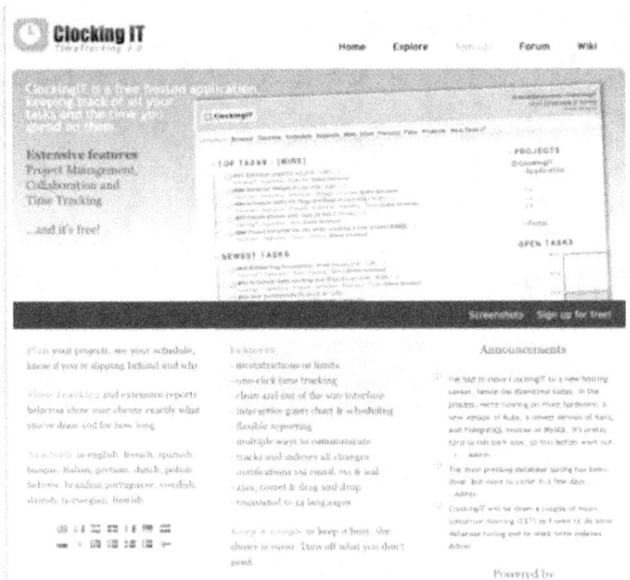

El software hace que sea fácil ver en qué está gastando su tiempo y detectar pérdidas de tiempo (es bastante sorprendente darse cuenta de que pasó cinco horas de su semana laboral revisando su correo electrónico).

También puede resultarle útil utilizar un temporizador de cuenta regresiva para cuando desea realizar un gran trabajo en un corto período de tiempo; intente configurar el temporizador durante dos horas y luego trabaje de manera continua durante ese tiempo, rechazando cualquier interrupción. ¡Inténtalo un par de veces al día y verás excelentes resultados! (Si estás nervioso, prueba 30 minutos para empezar). ¡Aún puede obtener una cantidad increíble en 30 minutos si evita las distracciones! Una vez que se adquiere el dominio, el período de tiempo aumenta.

2: Mantén un cuaderno de ideas

Es fácil distraerse de cualquier cosa mientras estás en medio de una tarea. Si lo sigue, puede pasar inadvertidamente horas de tiempo lejos de lo que realmente necesitaba hacer. Obviamente, esto no es positivo para la productividad, pero al mismo tiempo, uno no quiere ignorar y potencialmente olvidar estas buenas ideas.

Dave Allen, autor del increíble libro Getting Things Done, recomienda a las personas ocupadas mantener un archivo 'tickler'. Un archivo 'tickler' puede ser un documento de Word o un bloc de notas. La idea es que un archivo tickler es un lugar para ingresar ideas rápidamente cuando se le venga a la mente, de modo que no tiene que detener lo que está haciendo y puede volver a encontrar la idea fácilmente en el futuro.

3: Establecer micro objetivos diarios

Muy a menudo nos sentimos abrumados por grandes tareas y terminamos deambulando sin hacer nada. La mejor manera de contrarrestar esto es hacer una lista de tres o cinco metas pequeñas para lograr cada día. Puede hacer su lista la noche anterior o la primera hora de la mañana.

Las listas de actividades en línea están a su alcance, pero lo mejor es tomar un bolígrafo y escribir en un papel, por lo que le ayuda a enfocar su mente. Establecer los objetivos micro asegura que llegues sistemáticamente a donde quieres ir. También te ayuda a sentir que estás haciendo algo, todos los días.

4: Deshacerse del desorden
Una oficina ordenada es igual a la mente ordenada. Si se siente distraído por los objetos en su escritorio, ventanas de chat, teléfono o vista desde fuera de la ventana, simplemente elimínelos (o cambie la posición del escritorio). Hace un mundo de diferencia para tu poder de concentración.

5: Limite su correo electrónico comprobando dos veces al día
¿Sabías que, para la mayoría de las personas, el correo electrónico es la única gran oportunidad? Le aconsejo que revise su correo electrónico solo después del mediodía, ya que puede descubrir una gran cantidad de correo no deseado que es mejor dejar hasta después de haber hecho un trabajo importante. No continúe revisando el correo electrónico todo el día; Cierre su programa de correo electrónico o la ventana de su navegador. Concéntrese en sus tareas actuales y limitadas para lograr sus objetivos.

6: Aprende a decir "no"
Ser capaz de permanecer en el negocio durante mucho tiempo es crucial para obtener un buen resultado, pero esto no se puede hacer si se le interrumpe constantemente durante el día. La solución es volverse implacable: solo diga "sí" a las tareas que simplemente pueden esperar o que se pueden completar fácilmente junto con los otros objetivos del día.

7: Enfrenta y termina el peor trabajo primero
La dilación es muy molesto. Adquiera el hábito de abordar la tarea que más teme por la mañana, para que su mente no se preocupe por el resto del día.

8: Obtenga ideas o cosas del correo electrónico y agréguelas a la lista de actividades
Ir y venir del correo electrónico para comprobar lo que debe hacer puede perder minutos valiosos y aumentar la probabilidad de que pase por alto algo crítico. Asegúrese de agregar inmediatamente las actividades de los correos electrónicos a su software de administración del tiempo o un bloc de notas.

9: Usa la relación 80:20
El ochenta por ciento de su tiempo debe gastarse en "hacer", y no más del veinte por ciento debe gastarse en "aprender". ¡Esta es una lección particularmente importante para los

afiliados! Los gurús de la mercadotecnia de Internet pueden ser fácilmente absorbidos por las ventas, y todos sabemos cuánto tiempo pueden durar. Si va a dedicar tiempo a esto o leer foros, blogs y boletines informativos, asegúrese de que se ajuste a su programación para "aprender" cosas: participe y haga un seguimiento de cuánto tiempo pasa, luego decida si ese tiempo hubiera sido Mejor gastado en alcanzar las metas en tu lista de actividades.

10. Usa un teléfono móvil con un calendario u organizador personal

Cuando estás ocupado es fácil olvidar citas importantes. Una forma de resolver este problema es agregar citas y reuniones al calendario del teléfono móvil y programar la alarma 15 minutos antes.

11. Mantenga una lista de tareas por separado para asuntos personales

Si de repente se da cuenta de que tiene que hacer algo que no tiene nada que ver con el trabajo, escríbalo en una lista de tareas personal separada. Mantener su vida personal organizada le asegura que no se desbordará en su día laboral.

12. Delegar lo más posible

No acumule actividades que su personal o familiares sean más que capaces de hacer por usted. Además, asegúrese de establecer horarios todos los días para su trabajo y sus tareas personales. Esto es esencial si desea evitar interrupciones constantes durante el día.

¡Así que hay 12 consejos para duplicar tu productividad! Es fácil restarle importancia o retrasar la organización de su negocio, pero establecer prácticas comerciales eficientes es tan importante como un buen SEO o estrategias de pago por clic, así que asegúrese de tomarlas en serio!

11.   ¿Cuál es la forma más rápida de comenzar en línea?

Una vez que haya decidido comenzar como afiliado, hay dos maneras en que puede elegir construir su negocio:

1. **Lento y constante, con costos adicionales mínimos** (este es el mejor método)
2. **Más rápido, pero con costos adicionales** (pero estos costos son fáciles de recuperar una vez que esté en funcionamiento)

El método que elija dependerá de cuánto dinero y tiempo pueda gastar y qué tan rápido necesite ver los resultados.

Para todos aquellos que quieren ver los resultados RÁPIDOS y listos para gastar algo de dinero para hacer que la bola gire más rápido, este es mi método más simple y directo.

Paso 1: Crear un sitio web de una página

Veo que muchos recién llegados se estancan con la creación de grandes sitios web con gran cantidad de contenido: no solo es necesario crear todo este contenido, sino que también es necesario entender cómo armar su sitio web.

Entonces, en lugar de crear todo ese contenido adicional, solo tienes que crear un sitio web de una página.

Lo único que tendrá en su sitio es una página que le dice a la gente que se suscriba a su boletín informativo. Llamamos a este tipo de página como una "página de compresión"

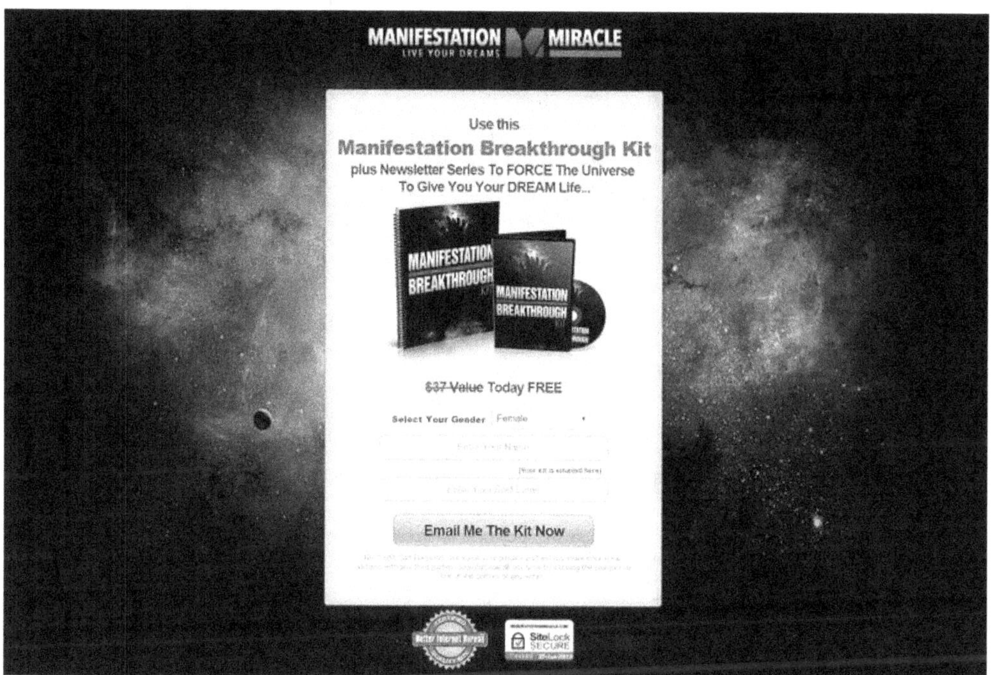

En la práctica, una página muy similar a esta, con solo dos opciones: SUSCRIBIRSE.

Paso 2: Dales una buena razón para inscribirse

Para alentar a las personas a suscribirse a su boletín informativo, ofrézcales un incentivo en su página de compresión, como un libro gratuito, un podcast, un video exclusivo, etc. (como en la imagen)

El trabajo de tu página de apretar es hacer que la gente realmente lo quiera. Así que hay que hacerlo irresistible. Dígales todas las cosas excelentes que están a punto de aprender. Dígales cómo les ayudará. Construye su curiosidad con puntos misteriosos como:

- Descubre las mejores X cosas que nunca debes hacer cuando XYZ
- Los 7 pasos para ABC ... no necesitas XYZ!

Agregue una imagen atractiva de su incentivo: si es un libro, conviértalo en una imagen de un libro en 3D para que se vea más valioso.

Todos los secretos sobre cómo ganar de $ 20,000 a $ 100,000 por mes con programas de afiliados

Puede encontrar fácilmente a alguien que pueda ayudarlo con esto yendo a Fiverr e intente buscar "portada de libro en 3D" (pago)

También puede decir que está en oferta especial "normalmente se vende por $47" (o alguna otra cifra en dólares o euros) para darle más valor. Haces que las personas sientan que están obteniendo algo realmente increíble, especial, para que obtengan más resultados.

Paso 3: vincula tu página a un autoresponder

Un autoresponder es un servicio de correo electrónico automático. Cuando alguien llega a su página y ingresa su dirección de correo electrónico para recibir su libro / carnada, la respuesta automática es lo que captura su dirección de correo electrónico y les envía automáticamente las cosas que le han prometido.

Para que funcione en su sitio web, debe registrarse en un sitio que funcione como Fluttermail, AWeber, GetResponse u otros que pueda encontrar fácilmente en la web. Le darán un fragmento de código para agregar a su sitio web que hará todo el trabajo duro.

Paso 4: Agregue correos electrónicos preestablecidos a su autoresponder

Su autoresponder también puede enviar correos electrónicos a sus suscriptores a intervalos regulares: precargarlos en su autoresponder, y cada vez que un nuevo suscriptor se una, comenzarán justo al comienzo de la secuencia.

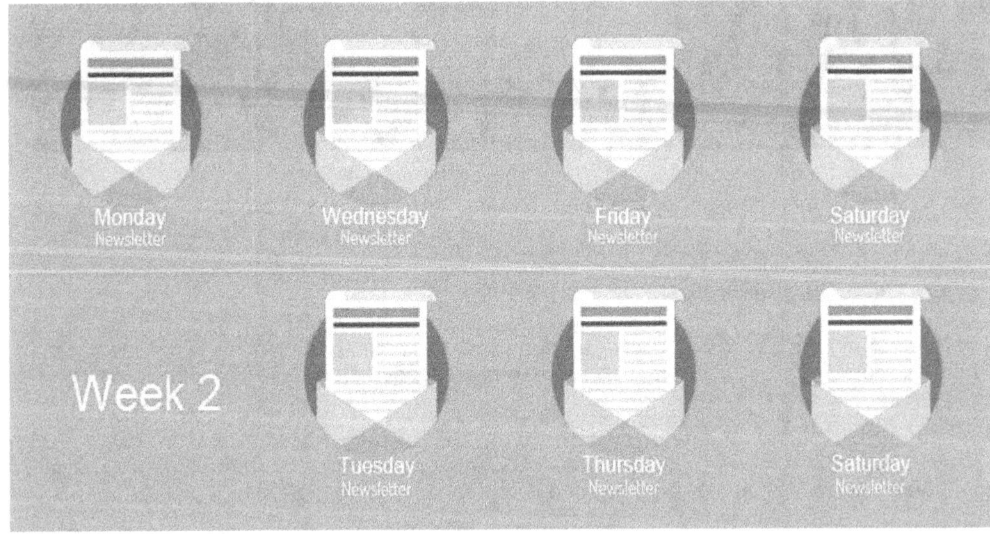

Puede usar esto para enviar automáticamente correos electrónicos que promocionen productos de afiliados. Cuando uno de sus suscriptores haga clic en un enlace en su correo electrónico y compre uno de los productos afiliados ... recibirá la comisión.

Cuanto más tiempo permanezca el suscriptor suscrito a su boletín, más posibilidades tendrán de comprar algo y más valioso será. Entonces encuentre el equilibrio correcto entre darles la información suficiente para hacerlos felices y hacer ventas.

Una advertencia: este sistema se basa en el hecho de que sus suscriptores están creciendo y comienzan a confiar en usted y en su opinión. Estos correos electrónicos deben estar bien escritos y deben hacer un gran trabajo alentando a las personas a mirar sus productos y comprarlos.

Cuando sus boletines estén configurados correctamente, enviarán automáticamente correos electrónicos a sus suscriptores, haciendo las ventas automáticamente por usted. Y como ya tiene su página de "apretar" y "salir" que alienta a las personas a registrarse, ¡todo lo que tiene que hacer es atraer visitantes a su página para comenzar a obtener suscriptores y hacer ventas!

Paso 5: Obtenga visitantes a su página (la forma más rápida)

Aquí entra en juego la parte "tienes que gastar dinero para ganar dinero".

Necesita una inyección de tráfico rápida para poder comenzar a ganar dinero. La forma más fácil de hacerlo es acceder a otros sitios web que ya tienen una gran lista de suscriptores y pagarles para que envíen un correo electrónico que promocione su sitio web y su libro / cebo.

Esto se llama un "anuncio solitario".

Hay directorios de sitios web que venden espacios publicitarios solitarios, pero la forma más efectiva de hacerlo es buscar sitios web que puedan estar interesados en hacerlo por usted.

De hecho, es posible que algunos de los mejores sitios ni siquiera sepan qué es un "anuncio individual". (Esto puede ser bueno porque sus suscriptores aún no han estado expuestos a cientos de otras ofertas y podrían ser más receptivos).

Si no está buscando un directorio de anuncios en solitario, esto es lo que debe buscar "en la naturaleza":

- Sitios web que tienen una lista de boletines: casi todos los sitios tienen un formulario de inscripción en algún lugar de su sitio web.
- Sitios web donde puede comunicarse con el propietario del sitio: busque una dirección de correo electrónico o un formulario de contacto que pueda usar para enviarles un mensaje.
- Sitios web que atraen al tipo de personas que intenta atraer: si usted es un sitio web para perder peso, solo necesita encontrar un sitio web que tenga una gran cantidad de mujeres. Fácil. Si usted es un sitio de "citas", debe encontrar un sitio web que atraiga a muchos hombres. No es necesario que sea exactamente el mismo tema que su sitio web.

Póngase en contacto con el sitio web y pregunte si hacen correos electrónicos patrocinados. Una vez que haya configurado esto con su proveedor de publicidad, los siguientes dos pasos se llevarán a cabo rápida y automáticamente.

Paso 6: Recibir suscriptores

Un proveedor de anuncios personales envía un correo electrónico a su lista y algunos de sus suscriptores harán clic para visitar su sitio web y registrarse para su libro. Boom! Tienes

Todos los secretos sobre cómo ganar de $ 20,000 a $ 100,000 por mes con programas de afiliados

suscriptores.

Paso 7: Recibe comisiones

Cuando estos suscriptores se suscriban a su lista, comenzarán a recibir sus correos electrónicos promocionales por goteo. Ahora comenzarás a ver y recibir las comisiones.

Puede tomar algún tiempo recuperar el dinero gastado en el anuncio individual, pero debido a que los suscriptores tienden a permanecer registrados durante mucho tiempo, tiene muchas oportunidades de ganar dinero con ellos.

Paso 8: aprovecha tu lista para ganar GRANDES comisiones

Lo mejor es que, una vez que tenga una lista de tamaño razonable, puede comenzar a ganar mucho dinero de los lanzamientos de productos y promociones. Siempre hay mucho interés en los lanzamientos de nuevos productos, muchos descuentos especiales y mucho dinero que deben hacer los afiliados.

Puede enviar un correo electrónico a su lista informándoles sobre el lanzamiento de un nuevo producto o una nueva promoción en curso, y ganará comisiones por quien compre. Esta es la forma en que la mayoría de los grandes vendedores hacen que sus comisiones sean realmente grandes. En algunos nichos, no es raro que un afiliado con una lista de miembros particularmente extensa y receptiva haga 6 cifras en el transcurso de un fin de semana.

¿Te imaginas hacer 6 figuras en un fin de semana? Esto solo es posible si tienes una buena lista de miembros.

¿Por qué es una buena manera de empezar?

- **No necesita crear un sitio web grande:** solo necesita una página. Esto corta mucho trabajo para un principiante.
- **No tienes que preocuparte por crear muchos artículos.** Solo necesitas crear el contenido para los correos electrónicos.
- **No tiene que preocuparse por buscar palabras clave o crear enlaces a su sitio.** No tiene que esperar a que Google lo note y comience a mejorar las clasificaciones de los motores de búsqueda. Cuando pague por sus visitantes, omita todo este pasaje.
- **Todo lo que tiene que hacer es conseguir que alguien se suscriba a su boletín,** y el boletín se vende automáticamente por usted y usted solo tiene que preocuparse por la promoción de la página.

Resumen: lo que necesitas para que este sistema funcione:

- **Un sitio web de 1 página "apretar página"** (alojamiento web, un nombre de dominio y el conjunto de páginas real en su sitio web)

Todos los secretos sobre cómo ganar de $ 20,000 a $ 100,000 por mes con programas de afiliados

- **Algunos "cebos"** para animar a la gente a registrarse.
- **Texto / imágenes / títulos para tu página de "exprimir" que "vende" tu libro gratis** (es decir, realmente quieren gente)
- **Una suscripción al servicio de contestador automático:** por ejemplo, Fluttermail, AWeber, GetResponse u otros fácilmente disponibles.
- **Correo electrónico para su secuencia de respuesta automática:** al menos durante 30 días (10-15 correos electrónicos).
- **Un proveedor de anuncios** que envía un correo electrónico a su lista de usuarios para promocionar su sitio web.

12.   Investigación de palabras clave: análisis de la competencia SEO

Cuando se trata de hacer una investigación de mercado, la competencia suele ser su amiga: significa que hay dinero para ganar en un mercado. Sin embargo, cuando se trata de optimizar su sitio para los motores de búsqueda, es una historia ligeramente diferente: debe poder echar un vistazo a la competencia y decidir qué posibilidades hay de clasificar bien esa palabra. la clave.

En esta lección, analizaremos el **análisis de la competencia SEO** para ver si la optimización de una palabra clave específica vale la pena.

¿Cuántos resultados?

El primer truco (y, a menudo, único) que la mayoría de los afiliados intentan es ingresar su palabra clave en el motor de búsqueda para ver cuántos resultados obtienen. Desafortunadamente, cuando muchos reciben sus 12,000,000 resultados, se desaniman, abandonan esa palabra clave y buscan colecciones más fáciles.

Sin embargo, puede sorprenderte que esta cifra no signifique mucho y deberías tomarla con una pizca de sal. El "número de resultados de búsqueda" es una cifra estimada y no todos los 12,000,000 anuncios se muestran en realidad en los resultados de búsqueda. Además, la mayoría de estos sitios no han realizado ninguna optimización de motores de búsqueda, por lo que es bastante fácil superarlos.

Más bien, utilice esta cifra más como un indicador de la presencia de actividad en el mercado: si es muy baja (por ejemplo, menos de un millón) podría indicar una falta de interés en esa palabra en particular, intente insertarla en el volumen de búsqueda de palabras Herramienta clave para ver cuántas personas nos buscan y ver si confirman esta teoría.

allintitle:
Las siguientes dos fases intentan identificar qué tan bien está optimizado el motor de búsqueda. ¿Es un golpe de suerte que clasifica bien? ¿O han diseñado sus sitios de esta manera?

Uno de los factores clave de SEO en la página es el texto de su título. Este es el texto que aparece entre las etiquetas <title> en su código HTML, en la parte superior de la página en su navegador, y es el texto al que se puede hacer clic que aparece con su motor de búsqueda. Si una página tiene una palabra clave en la etiqueta del título, generalmente significa que están bastante enfocados en esta palabra clave y quizás hayan tenido algún SEO en curso.

Si ingresa allintitle: "su palabra clave" en Google, le indicará cuántos sitios tienen sus palabras clave en la etiqueta del título. Una figura más baja es obviamente mejor; cualquier cosa hasta 5000 significa que podría estar allí con bastante facilidad, pero no descarte las palabras clave solo porque obtiene más de 5,000 resultados en esta prueba. Como verá pronto, todavía hay otros factores a considerar.

allinanchor:

Es similar a la herramienta Allintitle, pero indica cuántos sitios tienen enlaces entrantes con esas palabras clave en el texto de anclaje. El texto de anclaje es muy importante para determinar su clasificación. Si hay muchos sitios con su palabra clave en su texto de anclaje, hace que sea más difícil clasificarse bien. Lo ideal es que desee ver un número bajo aquí, pero lo que constituye "bajo" depende del tema y del mercado. Es posible que tenga que cavar por un tiempo para tener una idea de lo que es "bajo".

Una nota técnica para usar "allintitle" y "allinanchor" en Google

Las citas en ambos lados de su palabra clave son muy importantes para encontrar la frase exacta de la palabra clave en los títulos y el texto del ancla. Sin los signos del habla, los resultados de la búsqueda podrían contener palabras en cualquier orden.

Por ejemplo, durante la búsqueda: allintitle: "cómo cocinar", los resultados muestran los títulos con esas palabras exactas en ese orden exacto. Si no hay comillas, la oración podría estar subdividida o en el orden incorrecto

Además, la parte completa de allintitle o allinanchor es muy literal. Puedes buscar "intitle" o "inanchor". Pero no hay garantía de que todas las palabras se muestren en la búsqueda. Solo puede hacer esto si está buscando una serie de palabras individuales en lugar de una oración completa.

Para asegurarse de que cada vez que busque competencia en ciertas frases de palabras clave, use los signos de voz alrededor de la palabra clave. Esto siempre devolverá los resultados con la frase exacta, independientemente de si está usando allintitle, allinanchor, intitle o inanchor.

Examinar los dominios:

Otra cosa que debe verificar es la edad de los dominios de sus competidores, utilizando la herramienta WHOIS para verificar su fecha de creación. Los dominios más antiguos tienden a funcionar mejor en los motores de búsqueda que los más nuevos, por el contrario, si la mayoría de sus competidores tienen dominios bastante nuevos, será más fácil vencerlos.

Todos los secretos sobre cómo ganar de $ 20,000 a $ 100,000 por mes con programas de afiliados

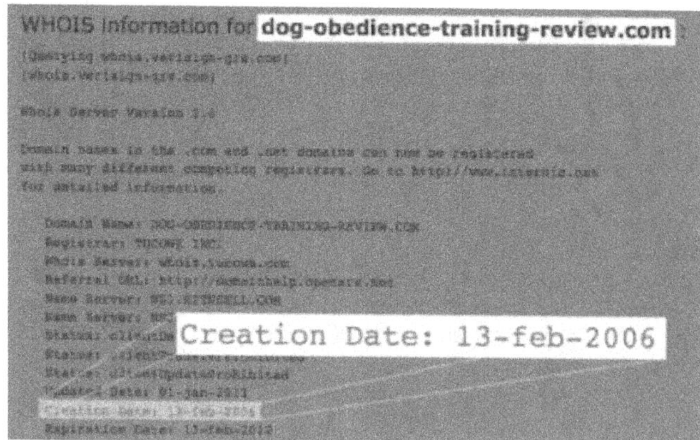

Mantenga un ojo en los volúmenes de investigación:

Mientras realiza todas estas investigaciones, tenga en cuenta otro factor clave: ¡si alguien realmente está buscando su palabra clave!

Generalmente, la competencia se sobrecalienta cuando hay muchas personas que buscan esa palabra clave, pero no siempre es igual de equilibrada. Calcule si la cantidad de visitantes que recibirá de un buen ranking realmente vale la pena obtener esta ubicación: algunas palabras clave tienen demasiada competencia y tráfico insuficiente para justificar el gran esfuerzo.

¡Otra consideración importante al elegir una palabra clave es si realmente hay dinero en el mercado! Si encuentra una palabra clave que parece fácil de clasificar, pregúntese si existe alguna razón para ello. ¿Es desconocido o no es rentable? Un buen indicador es si hay anuncios de Google en el lado derecho de los resultados del motor de búsqueda: si la gente paga para obtener tráfico en sus sitios, entonces debe haber dinero para hacerlo.

Muchas palabras clave para trabajar?

Al crear un sitio de afiliación para SEO, no debe centrarse en una palabra clave, pero sí la tiene, por lo que su principal palabra clave no es el objetivo principal de su campaña de SEO.

Cuando busque mercados y palabras clave, intente encontrar aquellas que tengan una cantidad de palabras clave muy buscadas para orientar. Puede usar herramientas de búsqueda para palabras clave como Google Trends o Wordtracker para obtener ideas sobre volúmenes de búsqueda para palabras clave relacionadas.

Buscar palabras clave relacionadas

Debido a que estas herramientas de palabras clave suelen utilizar las palabras que ingresa como base para sus sugerencias, a menudo puede perder la búsqueda de palabras clave relacionadas, pero no en base a la misma palabra. Por ejemplo, si te concentras en el "adiestramiento de perros", podrías perder una palabra clave como "detener la agresión del pastor alemán".

Un truco barato y desagradable que puede usar para encontrar palabras relacionadas semánticamente es ingresar su palabra clave en Google con una tilde (~) frente a usted. Por ejemplo, para "bote de basura" puede ingresar:

~ cubo de basura

Cuando Google devuelva resultados, verá que hay muchas palabras en la página que aparecen en negrita.

Estas son palabras relacionadas. "~ bote de basura", por ejemplo, obtiene palabras adicionales como "residuos", "reciclaje", "contenedores" y "latas de reciclaje".

Bajando el camino

Si sus palabras clave principales parecen intimidantes, no excluya completamente sus posibilidades de éxito en un mercado. Mire otra vez (y haga un poco de reflexión lateral) y vea si hay palabras más fáciles en el mercado a las que pueda enfrentarse primero. Por ejemplo, una palabra clave como "botes de basura" tiene mucha más competencia y sería más difícil de clasificar.

Si puede optimizar su sitio con unas pocas palabras clave más simples, puede obtener la mayor cantidad de tráfico posible para esa palabra clave difícil. Como beneficio adicional, los términos de búsqueda más orientados tienden a ganar incluso más dinero. Una palabra clave como "detener el asalto del pastor alemán" no solo es más fácil de clasificar que "adiestramiento de perros", sino que las personas que buscan este término son más propensas a comprar que las que buscan lo más general " adiestramiento canino ". Tal vez sea porque ya saben qué tipo de solución quieren, o quizás porque es más capaz de orientar su sitio a sus intereses específicos. Independientemente de esto, ies una situación en la que todos ganan como afiliado!

Resumen de la lección

No busque su palabra clave en un motor de búsqueda solo para desanimarse por los resultados. En su lugar, puede probar algunos de los siguientes métodos para determinar si una palabra clave vale su tiempo y esfuerzo:

- **"Allintitle"**
  - Si la mayoría de sus competidores no parecen tener su palabra clave en el título, es posible que no estén optimizados para SEO y que sean fáciles de superar en las tablas de clasificación
- **"Allinanchor"**
  - Si los backlinks de sus competidores carecen de su palabra clave, es posible que no se clasifiquen como deberían
- **Examina la edad de los dominios**
  - Use una herramienta de WHOIS o similar para ver exactamente cómo son los dominios de clasificación antiguos
- **Consulta los volúmenes de búsqueda**
  - No te olvides! Si una palabra clave parece demasiado fácil de clasificar, ipodría ser porque nadie la está buscando!
- **Buscar más que solo la palabra clave principal**
  - No permita que su palabra clave principal sea la continuación o el rompimiento de su campaña de SEO

- **Buscar palabras clave similares**
  - o Podría encontrar una orientación por palabra clave similar, es más fácil que su palabra clave principal, ¡y está obteniendo los mismos resultados!
- **Compruebe algunas palabras clave específicas**
  - o ¡El uso de una orientación más específica o creativa no solo puede mejorar sus clasificaciones, sino también sus conversiones, ya que puede apuntar a clientes que ya saben lo que están buscando!

13.   4 pasos para encontrar nichos de afiliados rentables

En esta lección, aprenderá cómo encontrar un nicho de afiliados rentable. Nuevamente, "nicho" significa "tema general" de los productos que promocionará como afiliado de marketing. Por lo tanto, si promocionas productos como "Guías de citas" en un sitio de citas, estarás en el nicho de Encuentros.

El objetivo: encontrar un nicho que haga dinero constantemente.

No puedes elegir un nicho solo porque te gusta. No me malinterpretes, disfrutar de tu nicho es algo muy bueno, pero también necesitas saber que te hará ganar dinero. ¿Estamos aquí para esto o no?

Lo último que desea es dedicar mucho tiempo y esfuerzo a crear un sitio afiliado solo para descubrir que no hay muchos productos rentables que pueda promocionar.

Aquí es donde debe comenzar: encuentre un nicho ya lleno de productos rentables, para que sepa que puede ganar dinero allí.

Cómo encontrar nichos rentables en ClickBank

Los productos más rentables para promocionar, ya que los afiliados suelen ser ofertas digitales, como libros electrónicos o programas de capacitación en línea; A menudo le permiten ganar el 50-75 por ciento de la venta, lo que no podría hacer con productos físicos como ropa o juguetes.

Es por eso que buscaremos nichos rentables en ClickBank: es una de las mayores redes de afiliados llenas de productos digitales, es fácil de navegar y puede usar el filtro de "gravedad" para ver cuáles se venden bien y cuáles no.

Si lo desea, puede ver todos los productos de la plataforma, pero por ahora solo estamos tratando de ver qué temas tienen una buena variedad de productos que venden.

Paso 1: Verifique las categorías en el Mercado de ClickBank

Cuando llegue al mercado de ClickBank, verá que hay muchas categorías grandes enumeradas a la izquierda.

Todos los secretos sobre cómo ganar de $ 20,000 a $ 100,000 por mes con programas de afiliados

Si hace clic en una de estas categorías, verá aún más subcategorías para navegar.

Ya que hay tantas opciones, vale la pena comenzar con algo que parezca interesante. Después de todo, cuanto más te interesa un tema, más naturalmente te motivará a hacer el trabajo.

Para mi ejemplo, veré "Dieta y pérdida de peso" en el nicho "Salud y bienestar".

Todos los secretos sobre cómo ganar de $ 20,000 a $ 100,000 por mes con programas de afiliados

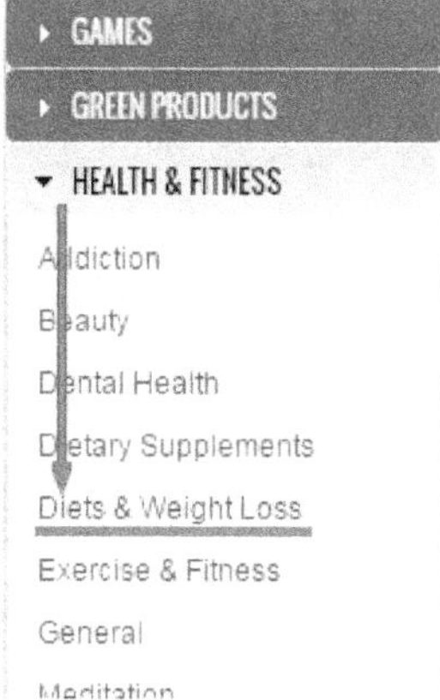

Paso 2: Filtrar productos que no se venden.

En este momento, puedo ver 396 productos en la subcategoría "Dietas y pérdida de peso":

¡Son tantos productos! Y no todos serán vendedores rentables, por lo que es hora de "cortar" lo superfluo.

Establezca la gravedad mínima en 6 para eliminar los productos que no se venden bien.

Todos los secretos sobre cómo ganar de $ 20,000 a $ 100,000 por mes con programas de afiliados

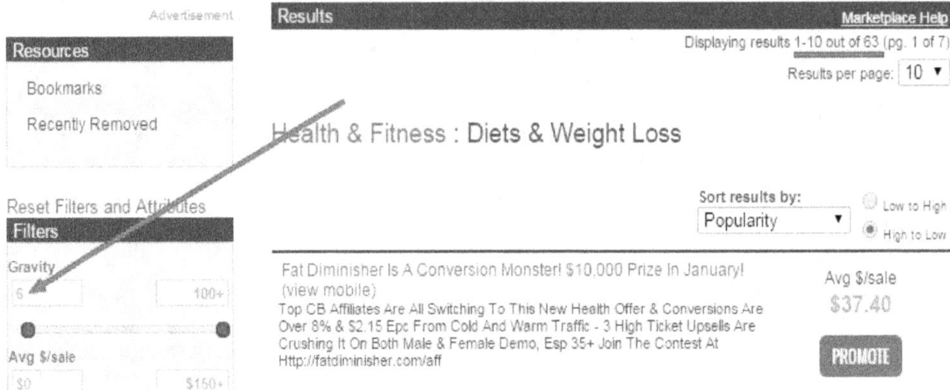

Inmediatamente, esto cortó 333 productos que no se venden. Me quedé con 63 productos rentables en esta subcategoría.

Algunas categorías tendrán muchos productos con una gravedad de 6 o más, y otras no los tendrán en absoluto. Entonces, si el nicho que está mirando no tiene opciones, después de aplicar el filtro de gravedad, siga mirando alrededor.

Paso 3: navegue por el sitio para encontrar las mejores opciones de nicho

Desde aquí, puede buscar en el mercado para encontrar un tema que tenga un número decente de productos con una gravedad de 6 o más.

Esto no siempre es tan simple como recorrer las subcategorías en ClickBank. Por ejemplo, puede encontrar que hay varios productos relacionados con la "desintoxicación", pero están dispersos en un par de categorías diferentes.

Por lo tanto, es probable que pases un tiempo investigando las categorías y buscando temas que aparecen con bastante frecuencia. Una buena manera de encontrar productos similares que podrían estar escondidos en diferentes categorías es usar el cuadro de búsqueda superior.

Por ejemplo, si veo "Dietas y pérdida de peso", encuentro un producto para quemar grasa "desintoxicación".

Todos los secretos sobre cómo ganar de $ 20,000 a $ 100,000 por mes con programas de afiliados

Podría ingresar "desintoxicación" en la búsqueda para ver cuántos otros productos como este existen con una gravedad de 6 o más. En este caso, hay 23.

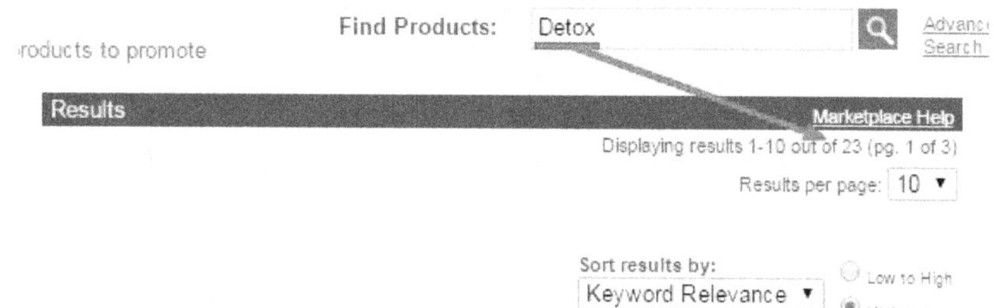

Por eso es una buena idea utilizar la búsqueda: es posible que no haya encontrado todos estos productos buscando una categoría o subcategoría. Puedo pensar en algunas subcategorías en las que los productos de desintoxicación podrían estar presentes, pero la investigación me permite verlos todos a la vez.

En este punto, creo que la "desintoxicación" parece un nicho prometedor porque tiene muchos productos que ya se están vendiendo bien. Es claramente un nicho que la gente está comprando.

Si realiza una búsqueda y hay menos de 10 productos con una gravedad superior a 6, puede que sea mejor buscar otra cosa. Esto no significa que con ese nicho sería imposible ganar dinero, podría ser más difícil que un nicho con muchos productos que se venden bien.

Paso 4: Cavar un poco más profundo; Mira las páginas de ventas.

Sí! El nicho de desintoxicación está bien! "Quiero ver las páginas de ventas de estos productos para asegurarme de que entiendo correctamente cuál es el tema de nicho y que la mayoría de los productos están relacionados con el tema.

El producto principal en mi investigación, por ejemplo, es un producto de "desintoxicación por computadora", que no encaja en absoluto con mi idea original de una dieta de desintoxicación:

Todos los secretos sobre cómo ganar de $ 20,000 a $ 100,000 por mes con programas de afiliados

Sin embargo, afortunadamente, en la primera página de mi investigación puedo ver al menos 7 productos que son relevantes para el nicho de la dieta de desintoxicación que había anticipado, como este:

Muchos de ellos parecen bastante profesionales, y sé que se están vendiendo bastante bien, por lo que en este punto me sentiría lo suficientemente seguro como para continuar con el nicho de desintoxicación.

Puede tomar algo de tiempo encontrar lo que está buscando

No todas las investigaciones de nicho serán tan rápidas y sencillas como mi ejemplo, que fue principalmente un caso.

Podría encontrar algunos callejones sin salida antes de descubrir una gran idea de nicho. ¡No se desanime! Prepárese una taza de té, café o chocolate caliente y tómese un tiempo para mirar alrededor y reflexionar.

La búsqueda del producto correcto es **esencial**, no tengas prisa.

Otras cosas a considerar antes de instalarse en un nicho

Si ha realizado la investigación anterior y ha tomado una decisión basada en los datos, es probable que haya encontrado un buen nicho. Sin embargo, hay algunas cosas adicionales que tal vez quiera considerar antes de tomar una decisión:

A) Este nicho es "Evergreen"?
Es importante pensar en el negocio: "¿Estos tipos de productos siempre serán populares?"

Además, algunos productos podrían venderse bien ahora, pero su popularidad podría ser estacional. Por ejemplo, el nicho de la "prueba de disfraces" solo funcionará durante los meses anteriores al verano.

Para asegurarse de que el marketing de afiliación valga la pena, debe buscar algo que sea rentable durante todo el año, durante muchos años.

Por lo general, se puede hacer una hipótesis basada en la lógica, pero aquí vamos a **ganar dinero**, nunca lo olvidemos. Si quieres estar seguro, prueba Google Trends. Por ejemplo, si ingreso "desintoxicación" y lo configuro para que muestre los resultados de los últimos 12 meses, puedo ver que tenía un interés constante durante todo el año con un pico en enero (probablemente debido a los atracones navideños).

Si cambio mi búsqueda para mostrarme en los últimos años (desde 2004), puedo ver que el interés ha crecido constantemente, lo que también es una gran señal.

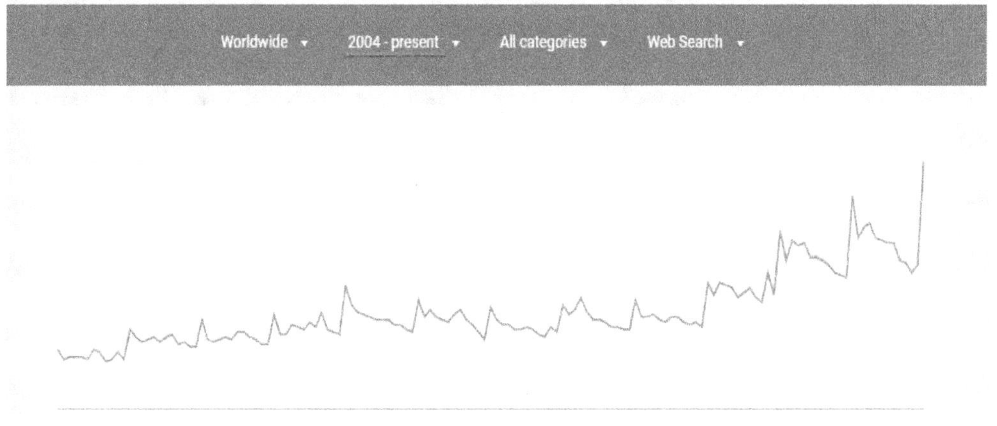

B) ¿Las personas están buscando este tema en los motores de búsqueda?

Otra cosa que quizás desee considerar antes de decidirse por un nicho es: ¿cuántas personas están buscando este tema en Google?

Es genial si muchas personas buscan su tema de nicho en Google por un par de razones: muestra que el nicho tiene una gran demanda y donde hay demanda de dinero. Otra cosa importante es que será más fácil usar SEO (optimización de motores de búsqueda) para obtener tráfico a su sitio web después de crearlo.

Para profundizar su búsqueda, además de Google Trends, también puede utilizar Google Ads para ver cuántas veces se busca esa palabra en Google.

Si puede encontrar al menos 10 frases o palabras con al menos 1,000 búsquedas por mes, entonces considere que hay un gran interés en el nicho y podrá utilizar SEO en el camino para obtener tráfico a su sitio.

C) ¿Te gusta este nicho?

Una última cosa a considerar antes de establecerse en un nicho es: ¿te gusta? Sé que dije antes que disfrutar de un nicho no es suficiente, sino que también debe ser sobre todo rentable, y es cierto. Pero siempre es más fácil si lo haces con pasión y placer.

Si tu nicho te aburre por completo, o estás en contra por alguna razón, necesitarás la motivación de Andy Dufresne en Shawshank Redemption para terminar tu sitio web. (Para los que no saben, el personaje ha cavado su prisión durante 17 años con un martillo de piedra).

Ciertamente estaba motivado, tenía que alcanzar su meta. Al igual que tú en este momento, tu objetivo es ganar dinero. No tiene que ser tan difícil para usted, pero siempre puede elegir un nicho que le guste.

Tener al menos un poco de interés en su nicho también le facilitará la comprensión de su audiencia futura, lo que será útil cuando intente comercializar su sitio y sus productos.

Entonces, si está buscando un nicho que le vino a la mente, pero realmente no le gusta, intente buscar de nuevo para ver si hay algo que sea más interesante para usted. El mercado es vasto y seguramente encontrarás algo, hazlo todo con calma.

En este punto, debe tener un tema de nicho general, como "desintoxicación" o "entrenamiento de cachorros", con un puñado de productos relevantes de ClickBank que tienen una puntuación de gravedad de 6 o más.

Si no tiene lo anterior, necesita volver a esta lección, seleccionando un nicho y productos diferentes. No puedo enfatizar lo suficiente lo importante que es que completes correctamente el proceso de búsqueda de nicho. **ES FUNDAMENTAL**

Si hay uno que te guste mucho más que otros, elige ese. Si amas a los cachorros, por ejemplo, pero la idea de otro nicho te enferma, ve por el nicho del cachorro.

Cuanto más cerca esté su afinidad con el nicho, mayores serán las posibilidades de éxito.

Si te gustan todos iguales o no puedes decidirte aún, mira el que tiene la mayoría de los productos con una gravedad de 6 o más en ClickBank. Entonces, si las "dietas" tienen más productos de afiliados que "entrenamiento de cachorros" y se siente al mismo nivel de entusiasmo, elija "dietas de desintoxicación". Este enfoque le da más oportunidades en la promoción de productos rentables..

14.   Cómo elegir un programa de afiliados

Antes de lanzarse de lleno a las actividades de marketing que dominarán la mayor parte de su tiempo como afiliado, es esencial seleccionar un buen mercado para ejercer sus habilidades de marketing. No todos los productos con programas de afiliados son rentables e incluso se pueden desperdiciar los mejores esfuerzos de marketing si el programa no es atractivo para los visitantes o no paga una buena comisión.

Si bien es posible encontrar un mercado rentable primero y luego identificar los programas de afiliados dentro de ese mercado, en realidad es mucho más rápido hacerlo al revés. En esta lección, discutiremos **cómo elegir un programa de afiliados**.

Paso 1: Encontrar un programa adecuado

ClickBank contiene muchos excelentes programas de afiliación para productos de descarga digital.

En general, hay tres cosas que distinguen un programa rentable de una pérdida de tiempo precioso.

1. **Comisión igual al 60% o más**

A lo largo de los años, he llegado a la conclusión de que no vale la pena el tiempo y el esfuerzo para promocionar un producto a menos que la comisión sea al menos del 60%. Dado que la mayoría de los productos de ClickBank venden entre $30 y $70, cumplen con esta regla, lo que significa que usted gana un mínimo de $ 18 por venta. Hay docenas de productos en ClickBank que pagan el 60% o más, el mejor es el 75%.

Sin embargo, hay un par de excepciones:

a) Precio de venta muy alto: si el producto se vende a $155, entonces una comisión del 50% no es tan mala y vale la pena. Aun así, no sugiero ir por debajo de una comisión del 50%.

b) Facturación recurrente: los productos basados en suscripción de ClickBank a menudo le permiten continuar ganando una comisión cada vez que el cliente paga su suscripción. En este caso, puedes reducir la base al 40%.

2. **Una evaluación de alta severidad**

La clasificación de severidad de ClickBank se basa en el número de afiliados diferentes que realizaron una venta durante la semana. Una calificación de alta severidad significa que muchos afiliados están haciendo ventas y, en general, puede tomar esto para indicar que el producto tiene una gran demanda y es probable que sea rentable para usted.

Hay una excepción a esta regla: productos de marketing en Internet.

Los productos de marketing en Internet a menudo son comprados por los afiliados a través de su enlace de afiliado. De esta manera obtienen un gran descuento en un producto; desafortunadamente, también reduce drásticamente la gravedad, por lo que cuando analiza la gravedad de los productos de marketing en Internet, no tome la gravedad de este tipo de producto a su valor nominal. La categoría que más probablemente se verá afectada por este tipo de actividad es Marketing y Anuncios.

3. **Consulta la página de ventas**

Naturalmente, la baja gravedad no es necesariamente no rentable; Después de todo, ¡cada nuevo producto también debe comenzar desde 0! Sin embargo, si un producto tiene una gravedad baja, es necesario excavar un poco para comprender si se convertirá bien.

La mejor manera de obtener más información es haciendo clic en la página de ventas y:

- o Compruebe la página de ventas largas. La página corta no tiende a volverse buena.

- o Compare la página con los productos de la competencia. ¿Es convincente? Si los competidores tienen una página de ventas que se ve mejor y suena mejor, entonces probablemente haya una razón por la cual este producto no funciona bien.

Ejemplo de un buen programa de afiliados

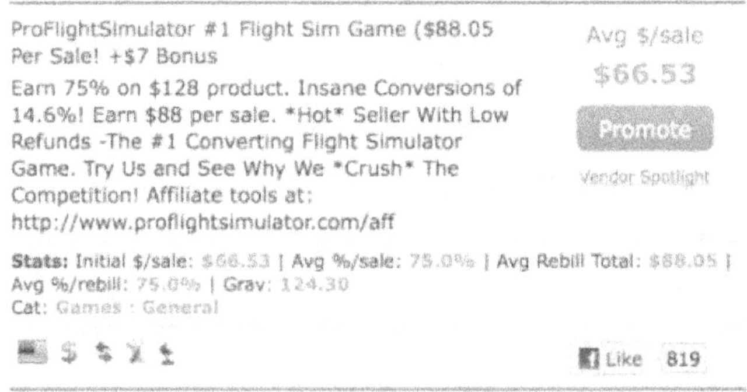

Este programa, por ejemplo, lo tiene todo: gran gravedad, una comisión del 75% y un alto precio de venta.

Ejemplo de un programa de afiliación incorrecto

Easy Face Painting
Step-By-Step Guide Makes Face Painting So Easy
Even Non-Creative Types Can Paint Like Pros.

Avg $/sale
$13.22

Promote

Stats: Initial $/sale: $13.22 | Avg %/sale: 50.0% | Grav: 2.15
Cat: Home & Garden : Crafts & Hobbies

Like 42

Por el contrario, este producto tiene una severidad muy baja, una comisión baja y un precio de venta bajo; Si fueras a ver la página de ventas, también verías que es bastante breve y no tan convincente.

Programas de CPA

Los programas de costo por adquisición pagan una tarifa por cada acción, en lugar de por cada venta. Por ejemplo, algunos programas de CPA pagan una comisión por cada dirección de correo electrónico capturada, otros por un código postal y otros por completar un formulario de solicitud.

Los buenos programas de CPA son:

1. **Ofertas de códigos postales.** ¿Por qué? Porque son fáciles. Todo lo que tienes que hacer es dar un código postal y ganar una comisión. Conozco a muchas personas que ganan más de un millón de dólares al año por las ofertas de CPA en el código postal solamente.

2. **Comisiones superiores a $1.** ¿Por qué? Porque ganar $1 en una venta hace que tu esfuerzo valga la pena. Por supuesto, hay muchos programas que pagan 0.20 por adquisición, pero ¿vale la pena?

3. **Promoción ilimitada.** Esto no es realmente una "regla" como tal, sino más bien una advertencia. Algunos programas parecen fantásticos en todos los sentidos pero solo te permiten promocionarlos por correo electrónico. Esto está bien si tiene una lista, pero ¿qué pasa si no la tiene? Así que asegúrese de revisar los términos y condiciones antes de seguir adelante. Encontrará que algunos programas no tienen restricciones, otros tienen pocas restricciones y otros tienen muchos

Programas de productos físicos
Solo hay una regla para elegir un buen producto físico para promocionar:

Asegúrate de ganar al menos $40 por venta.

Los productos físicos tienen un margen bajo en comparación con los productos digitales como los ofrecidos por ClickBank, por lo que en lugar de aplicar la regla de "60% de comisión o más", busque al menos $40 por venta. Esto significa que para una venta minorista de TV de $2,500, querría ganar una comisión del 2% ($50) por cada venta.

Paso 2: Evaluar el mercado

Ahora que has encontrado algunos programas de afiliados que parecen probables, es hora de descubrir cómo está el mercado.

Una gran cantidad de afiliados que compiten = mercado saludable

Como dice el dicho: no hay nada de malo con un poco de competencia sana.

Idealmente, una búsqueda en Internet en el término de búsqueda principal para su mercado debería revelar una fuerte competencia de los afiliados en forma de muchos anuncios de PPC. Puede tomar esto como una señal de que hay dinero para hacer en el mercado.

Por ejemplo, una búsqueda en "adiestramiento canino", un mercado que sabemos que es altamente rentable, revela docenas de anuncios de PPC y muchos están claramente afiliados.

Por otro lado, una búsqueda en "pintura de caras" solo hace aparecer cinco anuncios, y solo uno de ellos parece ser un afiliado. Esto sugiere que el mercado de la pintura facial no está cubierto o no es rentable, ¡casi con seguridad lo último!

Un montón de términos de búsqueda de nicho

La competencia en términos primarios es buena, pero aún debe haber espacio para obtener ganancias.

Usando el <u>WordTracker</u> gratuito (o una herramienta similar), su próximo paso es verificar el número de términos de búsqueda de nicho para el mercado.

Un buen mercado tiene muchos términos de búsqueda de nicho con relativamente poca competencia, por ejemplo, el juego 'World of Warcraft' es muy popular en todo el mundo. Es un mercado con muchos afiliados, pero también hay literalmente cientos de términos de investigación de nicho:

world of warcraft guide	Search

Keyword (80)	Searches (425)
1 world of warcraft guide	25
2 world of warcraft quest guide	24
3 world of warcraft warlock talent guide	23
4 world of warcraft priest guide	19
5 world of warcraft leveling guide	17
6 wowwiki - your guide to the world of warcraft	16
7 funny world of warcraft mage guide	15
8 world of warcraft warlock guide	13
9 world of warcraft leveling guide	12
10 world of warcraft mage guide	12

« Previous 1 2 3 4 5 6 7 8 Next »

Del mismo modo, la competencia es intensa en el mercado del adiestramiento canino para esa frase clave, pero hay muchos términos de nicho con poca competencia, como por ejemplo: "detener la agresión de pitbull"

No son solo anuncios de PPC, por ejemplo, incluso si el término de nicho "detener a fox terrier" tiene una cantidad de anuncios de PPC de la competencia, parece haber muchas oportunidades para un sitio de SEO para este término de búsqueda.

¿Hay más productos para promocionar en el mercado?

Si bien no es estrictamente necesario, puede ser útil si existen varios programas de afiliados de calidad dentro del mercado que puede promover, especialmente si desea crear una lista.

En un mercado con múltiples programas de afiliados, como el mercado de citas, puede promover "Cómo atraer al sexo opuesto" durante dos semanas y luego cambiar a "Cómo ganar confianza en sí mismo". Unas semanas después, podría ofrecer "Cómo iniciar conversaciones"; está ofreciendo un gran valor a su lista y también continúa ganando dinero a través de compras repetidas.

Resumen de la lección

En esta lección tratamos de elegir un programa de afiliación adecuado y algunos de los escollos para vigilar; También hemos examinado la evaluación del mercado de afiliados:

Algunas de las cosas a tener en cuenta al elegir un programa incluyen:

ClickBank

- Los productos deben tener una comisión de más del 50%, preferiblemente más del 60% (con algunas excepciones)
- Verifique que el producto tenga un alto grado de gravedad o (si es un producto nuevo) verifique que haya una página de ventas decente

Programas de CPA

- Las comisiones deben exceder $1
- Preste atención a las restricciones de promoción (a menos que estas restricciones le beneficien)

Productos físicos

- Busque comisiones de más de $40
- El segundo paso es la evaluación del mercado.
- Trate de ver si el mercado tiene una competencia sana (es algo bueno), pero aún tiene espacio para crecer
- Ver si hay más productos de calidad para promocionar en el mercado

15. Lo que quiere el mercado

Saber quién es su mercado y qué quiere su mercado es esencial para promover o atraer con éxito a las personas a su sitio; ¿En esta lección estudiaremos lo que quiere tu **mercado**?

Ninguna investigación de mercado está completa hasta que haya analizado a las personas y los problemas que conforman su mercado. La investigación cuidadosa del "lado de la gente" de su mercado puede ayudarlo de muchas maneras:

- Es posible que descubra palabras clave que no fueron evidentes de inmediato cuando solo observó los volúmenes de búsqueda de palabras clave.

- ¡Usted puede determinar lo que piensa su mercado, apuntar mejor y mejorar sus resultados!

Cada mercado tiene preocupaciones comunes y temas recurrentes, problemas y problemas para los cuales las personas necesitan respuestas: cosas que los llevan a Internet para obtener información; El rol de los comercializadores de Internet es descubrir qué son estas cosas y brindar soluciones.

Encuentra lo que la gente necesita

Como vendedor, puede hacer una hipótesis plausible sobre las preocupaciones de su mercado pero, a menos que ya sepa mucho sobre su mercado, la única forma de entrar realmente en la cabeza de su audiencia es ingresar y ver qué es su mercado. el esta hablando

El primer lugar que la mayoría de los afiliados ven es en los volúmenes de búsqueda de palabras clave relevantes. Si, por ejemplo, estaba pensando en crear un sitio en recetas de pollo, debe vincular "receta de pollo" a su herramienta de búsqueda de palabras clave o motor de búsqueda favorito y ver qué tipo de palabras clave con la palabra "pollo" la mayoría de la gente está buscando.

Foro: El enfoque más personal.

Aunque los volúmenes de palabras clave son una excelente manera de obtener una visión general del mercado, la verdadera fortaleza de la investigación de mercado proviene de poder hablar directamente y específicamente a los problemas de sus clientes.

Los foros en línea son una buena fuente para echar un vistazo más de cerca a su mercado. Los foros le dan la oportunidad de ver y discutir, obtener una buena sensación, para los temas y preocupaciones relevantes de su mercado; También pueden darle ideas para temas relacionados con artículos y ángulos de marketing que no haya pensado.

Para encontrar los foros, simplemente escriba su tema y "foro" en Google. Antes de sumergirse completamente, asegúrese de echar un vistazo rápido para ver si hay mucha gente hablando y si el foro está bien organizado; Si no, pase a la siguiente.

Una vez que haya encontrado un foro adecuado, incluso mirando la página de índice del foro, puede tener buenas ideas para los temas de su sitio web, tal como lo hicimos en Google.

Cavando más profundo

En este punto, es posible que hayas notado buenas ideas de las categorías generales del foro, profundiza un poco en el argumento para ver de qué hablan realmente acerca de las personas; averigüe qué tipo de preguntas hacen: si sabe qué está pidiendo su mercado, podrá responder (o al menos reconocer) sus inquietudes en su sitio web.

Sin embargo, recuerde que si toma estas nuevas ideas y vuelve a su herramienta de búsqueda de palabras clave, es posible que esté un poco decepcionado con los volúmenes de búsqueda. Debe decidir por sí mismo si vale la pena seguir ese camino o no, pero recuerde que los términos de búsqueda más orientados tienden a convertirse mucho mejor que los términos de búsqueda más generales y que es más fácil clasificarlos en los motores de búsqueda.

Demografía

"Demografía" es una palabra escandalosa, pero si realmente quieres que tu audiencia te escuche, debes prestar atención a quienes realmente son. La investigación puede obtener parte de esta información, pero muchas podrían ser simplemente "sentido común". Piense en lo siguiente y luego intente tener en cuenta estas ideas cuando diseñe su sitio.

- **Edad:** ¿cuántos años tienen tus lectores? ¿Son en su mayoría jóvenes, en su mayoría de mediana edad, o provienen de grupos de mayor edad? ¿El idioma que usa con una persona más joven puede diferir de cómo le habla a una persona mayor? Del mismo modo, puede considerar el diseño / diseño del sitio, como aumentar el tamaño del texto en su sitio web para los visitantes mayores.

- **Género:** ¿su sitio es principalmente para hombres o principalmente para mujeres? Probablemente no le sorprenderá saber que los dos tipos aman cosas diferentes y responden de diferentes maneras. Si tiene un sesgo de género en su sitio web, asegúrese de apuntar; Además, no diseñe su sitio para que se vea demasiado masculino o demasiado femenino si se dirige a ambos sexos!

- **Ubicación:** el mercado en línea más grande es Estados Unidos, pero si recurre a otros países como Italia, tenga en cuenta las fortalezas de este país. Por ejemplo, cocina, moda, autos, etc.

- **Conocimientos previos:** ¿cuánto saben ya tus visitantes sobre tu tema? ¿Los estás lanzando a lo profundo, o estás aburrido con lo básico? ¿La gente está tratando de comprar el producto "novatos" o tiene más experiencia? Elige cómo dirigir tu contenido.

- **Expectativas:** una vez que llegue a su sitio web, ¿qué esperan encontrar? Si hay una gran brecha entre sus expectativas y lo que creen que estás ofreciendo a primera vista, harán clic en el botón Atrás y huirán de allí. Por ejemplo: si esperas lecciones, no les ofrezcas revisiones; Si esperan un artículo informativo, no los golpee con un golpe fuerte de ventas. Podría decir que no le importa si alguien presiona el botón Atrás inmediatamente; después de todo, al menos algunas personas permanecerán en el sitio, pero recuerde que Google analiza su "tasa de rebote" para ver si la gente está encontrando información útil en su sitio. Una alta frecuencia de rebote puede significar una clasificación más baja en los motores de búsqueda. La formulación de las etiquetas de "título" con cuidado puede ayudar a mitigarlas o prevenirlas, así que asegúrese de que sean una representación precisa del contenido real de su página (¡mientras continúa abordando sus palabras clave!).

Necesidades: muchos afiliados exageran al proporcionar información sobre el fondo de su producto, la historia de su producto, los usos y los testimonios del producto, ¡sin darse cuenta de que todo lo que sus clientes realmente quieren es mirar el producto! En contraste, un sitio puede proporcionar imágenes y especificaciones de productos en abundancia, pero no se da cuenta de que sus visitantes realmente quieren comentarios y opiniones para ayudar a tomar una decisión.

Piense en lo que quieren sus visitantes y necesita ayudarlos a hacer una compra.

- **Competencia:** ¿a dónde podrían haber ido tus visitantes previamente? Asegúrese de que su sitio esté a la altura de la competencia: diseños más brillantes, información más específica, ofertas que sus competidores pueden no tener; recuerde que las personas no solo visitan un sitio web, sino que miran a su alrededor.

- **Diseño**: asegúrese de que el diseño de su sitio web y el texto que utiliza sean "apropiados" para su audiencia. Puede ser útil que un amigo o familiar vea su sitio y vea lo que piensan; También puede intentar ubicarse en la mentalidad de su público y mirar su sitio desde esa perspectiva. Requiere un poco de imaginación, pero tomarás el control de ello.

Resumen de la lección

En esta lección, hemos estudiado cómo averiguar qué quiere su mercado y cómo elegir en consecuencia. Algunas de las formas en que puede mejorar su orientación son las siguientes:

- Examinar los volúmenes de búsqueda de palabras clave relacionadas, utilizando sugerencias de motores de búsqueda o una herramienta de palabras clave adecuada
- Adopte un enfoque más personal y visite foros para su mercado objetivo.

Una vez que haya identificado las mejores maneras de orientar sus palabras clave, también vale la pena echar un vistazo a su sitio y contenido y reflexionar sobre los siguientes aspectos:

- **Edad:** ¿tienes un objetivo de edad específico?
- **Género:** ¿el público objetivo es principalmente un género específico?
- **Ubicación:** ¿de dónde vienen?
- **Conocimiento previo:** ¿qué es lo que ya saben?
- **Expectativa:** ¿qué esperan sus visitantes y qué obtienen?
- **Necesidades:** ¿su sitio satisface las necesidades de su público?
- **Competencia:** ¿cómo son los mejores o diferentes sitios de competencia?
- **Diseño:** ¿su sitio tiene "sentido" para su objetivo?

16.   Comprensione delle interazioni di mercato

Como afiliado, desea maximizar sus ganancias, por lo que lo ideal es buscar mercados que sean exitosos tanto para el pago por clic como para el SEO. Entonces, la pregunta es: ¿vale la pena vender en un mercado donde puede ganar dinero con solo uno de estos métodos?

En esta lección examinamos la **comprensión de las interacciones de mercado.**

El pago por clic no siempre funciona

En general, si está ganando mucho dinero con el pago por clic, también ganará dinero con SEO. Sin embargo, lo contrario no siempre es cierto.

Por ejemplo, el sitio <u>Hair Cut Advice</u> está muy bien posicionado en los motores de búsqueda y recibe muchos visitantes, pero solo obtiene ingresos de la publicidad interna. Cuando probamos el pago por clic, ¡los resultados fueron malos!

Resulta que a pesar de que hay miles de personas que buscan palabras clave para cortarse el cabello, no están tratando de comprar. Y esto significa que muy rara vez hacen clic en los anuncios.

Sin embargo, este sitio, que en gran parte está compuesto de contenido gratuito, todavía genera algo de dinero a través de CPA y Google Adsense, por lo que no está nada mal

Predecir el mercado

Uno podría preguntarse si hay una manera de predecir esta situación al hacer una investigación de mercado. La respuesta es SÍ, hasta cierto punto.

Por ejemplo, puede ver evidencia de que el mercado de peinados está ponderado de acuerdo con el SEO al buscar los términos "consejos de corte de pelo" o "consejos de estilo de cabello" en los motores de búsqueda. Hay muy pocos anuncios de pago por clic en pantalla, pero hay más de un millón de sitios web que contienen información e imágenes.

Podrías encontrar otros mercados como este en algún momento; mercados con un gran número de personas que buscan palabras clave, pero con una publicidad de pago por clic muy pequeña.

No debe negarse a estos mercados; la mayoría de los vendedores lo harán, por lo que puede valer la pena armar un sitio web y obtener ingresos del SEO, incluso si un ingreso inferior al que obtendría de un mercado que gana con ambos pagos de pago. -Pulse clic y SEO.

SEO es también una posición alternativa. Si no puede beneficiarse del pago por clic pero ha hecho todo en su sitio, puede aspirar a obtener mucho tráfico y ganar de esta manera.

Usando una forma de marketing para mejorar otra.

Cómo SEO puede ayudarle a mejorar su pago por clic

La ventaja de SEO es que puede experimentar con docenas de términos de búsqueda sin costo, mientras que esto es mucho más costoso con el pago por clic. Incluso si su sitio web solo puede clasificar un pequeño número de términos de búsqueda desde el principio, puede encontrar altas clasificaciones para palabras clave de cola larga en las que ni siquiera pensó en un momento posterior.

<u>Google Analytics</u> es una herramienta esencial en esta situación porque muestra todas las palabras clave que las personas han estado buscando y dirigiendo a su sitio. Revisar esta información puede ayudarlo a encontrar nuevos términos de búsqueda para realizar ofertas de pago por clic, y hay mejores posibilidades de obtener términos rentables.

Esta estrategia es particularmente útil si está probando dos o más resultados de búsqueda y desea obtener más visibilidad para ese término.

Cómo el pago por clic puede ayudarlo a mejorar su SEO

Como aprendimos en lecciones anteriores, el pago por clic puede ser una curva de aprendizaje costosa para los afiliados; sin embargo, si puede invertir dinero, encontrará que puede analizar los datos de su cuenta de pago por clic. enormemente ventajoso - ¡no solo para mejorar sus anuncios, sino también para mejorar su SEO!

Es probable que, si está ganando mucho dinero de pago por clic, también ganará mucho dinero en los listados de motores de búsqueda.

Aproximadamente el 80% de los usuarios de motores de búsqueda harán clic en las listas naturales en lugar de en las de pago por clic, por lo que vale la pena transferir la información del mercado de pago por clic al sitio web. Por ejemplo, puede encontrar que "detener el asalto del pastor alemán" ahorra salvajemente en el pago por clic. Ahora que sabe que esta es una palabra clave para el éxito, puede hacer un gran esfuerzo para optimizar su sitio web para ese término y obtener incluso tráfico gratis.

Resumen de la lección

Si puede tener éxito con el pago por clic en un mercado, por lo general puede hacerlo incluso con la optimización de motores de búsqueda, pero lo contrario no siempre es cierto.

A menudo puede descubrirlo haciendo una búsqueda rápida y viendo si una palabra clave es fuertemente SEO y evaluando diferentes palabras que le den resultados.

Sin embargo, no ignore por completo los mercados que parecen negativos para el PPC; muchos otros comerciantes lo harán, lo que deja espacio para construir un sitio para explotar el mercado y obtener un ingreso (aunque sea pequeño).

17. 7 técnicas sobre cómo buscar palabras clave

En esta lección, analizaremos 7 técnicas y herramientas valiosas para ayudarlo a desarrollar las mejores palabras clave para su nicho.

Puede tener el mejor producto afiliado del mundo, pero si sus compradores no pueden encontrar su página de afiliado, no podrá vender un solo calcetín. Aquí están las palabras clave: para ayudar a dirigir a las personas que podrían querer su producto a su sitio y ofertas de afiliados.

El primer paso es descubrir cómo usar la mejor súper computadora jamás conocida, el cerebro humano (¡en este caso, el tuyo!), Para estudiar ideas. Por lo tanto, les proporcionaré fuentes útiles de inspiración para profundizar estas ideas iniciales.

La investigación de palabras clave puede ser un proceso lento, por lo que le daré un pequeño consejo para clasificar las fuentes útiles. La intención del comprador es una parte importante del proceso de selección, para asegurarse de que encuentre las palabras clave más rentables, por lo que le daré información sobre esto.

La vida siempre es un poco más fácil cuando hay menos competencia. Las palabras clave no son diferentes, así que te ayudaré a ahorrar tiempo al recortar las palabras con la mayor competencia de tu lista.

Finalmente, le mostraré cómo incorporar toda su investigación a una lista completa de palabras clave para obtener los mejores resultados al crear su sitio web y contenido.

Todos los secretos sobre cómo ganar de $ 20,000 a $ 100,000 por mes con programas de afiliados

1. Brainstorm Keyword Ideas manual

Uno de los métodos más frecuentemente pasados por alto para la investigación de palabras clave es la lluvia de ideas manual. Tienes un gran cerebro ... ahora ponlo en práctica!

Puedes usar un trozo de papel y un bolígrafo, pero mi método favorito de lluvia de ideas se presenta en forma de una herramienta en línea llamada <u>Mind Meister</u>. Digamos que tenemos "Calzado" como un nicho. Esta es la forma en que habríamos comenzado nuestro proceso de creación de palabras clave.

En la primera página, puede hacer clic en el botón verde "Probar una demostración en vivo" para intentarlo o en "Inicio" para suscribirse para poder guardar sus ideas.

Ahora, una vez que entras, ¿qué haces primero? Es necesario comenzar con el nicho y los nichos secundarios como punto de partida básico. Después de todo, cuando se trata del tema de qué hacer para la cena, vale la pena comenzar con lo que tiene disponible. Una línea de partida obvia es una buena cosa.

En el caso del calzado, coloque la palabra en sí en el medio.

Para que pueda insertar fácilmente nichos secundarios presionando "enter". En este caso, nos fijamos en frases como "Calzado deportivo" o "Calzado de mujer".

Es importante evaluar sus ideas a medida que avanza, eliminando las opciones irrelevantes y utilizando combinaciones relevantes cuando sea posible. Por el bien de este ejemplo, exploraremos un subnicho en particular para darnos la oportunidad de profundizar. Seamos realistas, las mujeres generalmente están más locas por los zapatos que por los hombres, así que veremos los zapatos de las mujeres para darnos muchas opciones.

Lo primero que debe preguntarse es: ¿qué subnichos son relevantes aquí? Con los zapatos de mujer en este caso, es probable que los "Zapatos de hombre" ya no sean aplicables, mientras que los "Zapatos de verano" aún lo sean.

Entonces, ¿qué tipos de productos o servicios están disponibles en su subnicho? En este caso, por ejemplo, podría usar zapatos con tacones altos o zapatos bajos. casuales junto a los zapatos de mujer.

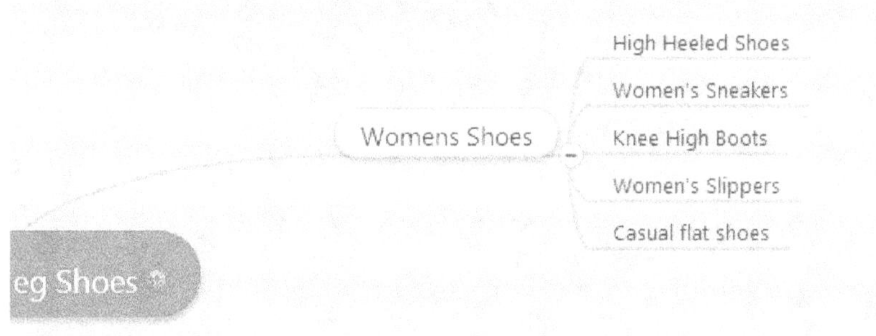

Simplemente seleccione la burbuja "zapatos de mujer" y haga clic en "Shift" y "Tab" para insertar las ramas.

Finalmente, use el nombre de su subnicho para crear ramas de palabras clave en subnichos relacionados. En este caso, con el subnicho de los zapatos de mujer, en el subnicho relativo de los zapatos de verano, podría poner "Zapatos de verano de mujer" para crear una nueva palabra clave que aún sea relevante. Agregar una de las ramas de subnicho originales le dará una palabra clave aún más específica, en este caso, "Zapatos de verano casuales para mujer".

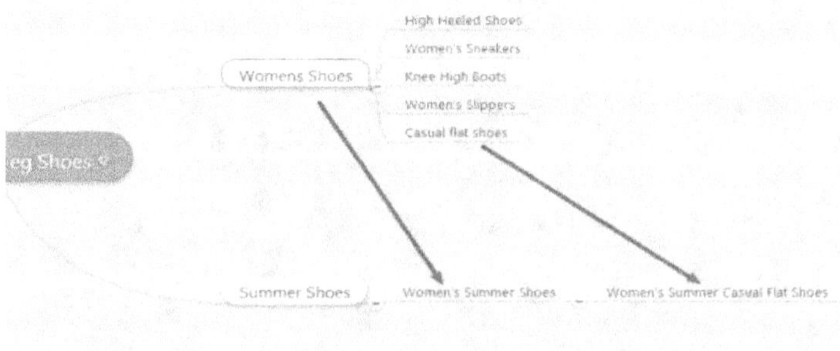

2. Búsqueda de inspiración por palabras clave semilla

Así que tiene algunas palabras y frases básicas en su lluvia de ideas y está listo para crear una lista de palabras clave semilla más a fondo. Tenemos algunos buenos consejos sobre dónde buscar.

Si ya tiene en mente productos como Clickbank, consulte sus páginas de ventas. Si no tiene productos en mente, consulte las páginas de ventas más populares en su propio nicho en sitios web como Clickbank o busque productos físicos en Amazon.

Mirando los zapatos en Amazon, si selecciono "Ordenar por: Nuevo y más vendido" en la esquina superior derecha, obtengo una lista de zapatos que son los más vendidos.

La lista también contiene sugerencias sobre productos que funcionan bien en mi subnicho. "Nove West" parece ser una marca popular, por ejemplo, y "bombas" es una palabra descriptiva que los clientes potenciales podrían buscar.

Digamos que miré la página de ventas para este producto en particular.

Todos los secretos sobre cómo ganar de $ 20,000 a $ 100,000 por mes con programas de afiliados

Aprendí que "Peep-Toe Pump" es un tipo de producto. Esta podría ser una palabra clave semilla para este producto. Desplazándome hacia abajo, puedo buscar en la descripción del producto para encontrar frases como "calzado con tendencia de moda" o "plataforma semi envuelta".

A continuación, puedo ver las opiniones de los clientes. Esto es excelente para ver qué problemas tienen las personas con los productos en este nicho y qué han encontrado como solución.

Los clientes aprecian la comodidad, por lo que "zapatos cómodos" podría ser una buena palabra clave.

Google es otro lugar para buscar inspiración. Escribir las palabras de su tormenta de ideas en una búsqueda de Google le mostrará las mejores páginas para esas palabras. Eche un vistazo a algunas de ellas y mire qué palabras o qué idioma usan.

Cuando busque en Google, se le mostrarán "búsquedas relacionadas" en la parte inferior de la página.

Todos los secretos sobre cómo ganar de $ 20,000 a $ 100,000 por mes con programas de afiliados

Esta es una forma realmente inteligente, rápida y sencilla de obtener palabras clave relevantes y populares que probablemente ni siquiera sabía que estaban allí. Buscar "zapatos planos informales" de mi tormenta de ideas inicial me ha dado el término "bailarines informales" como una investigación popular relacionada, por lo que puedo agregarlos a las palabras clave.

Mientras realiza una investigación en Google, intente agregar "foros" al principio para buscar foros donde las personas estén discutiendo su nicho. Las palabras de nicho amplio serán más exitosas en la búsqueda de foros en profundidad.

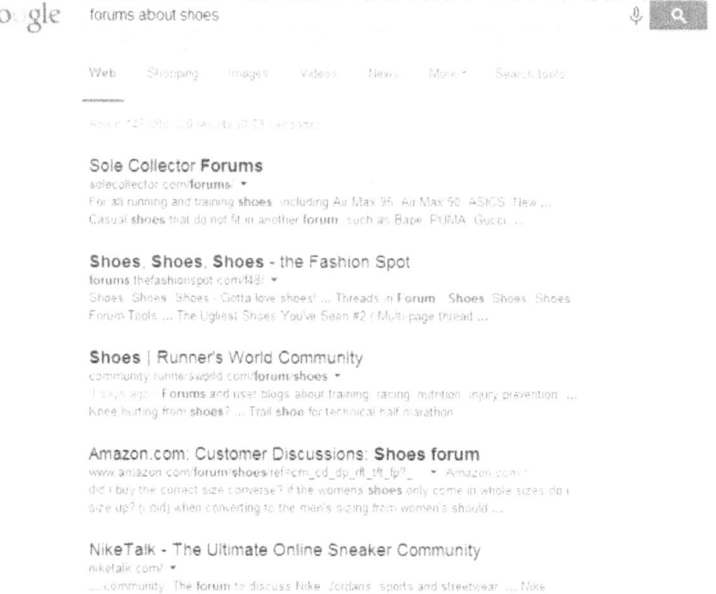

La frase "foro sobre zapatos" tiene muchos resultados, pero considere si su nicho podría tener temas candentes o subnichos que podrían tener sus foros.

Reemplazar el "foro de" por "Preguntas y respuestas" le proporcionará un conjunto similar de fuentes de comentarios relevantes de los clientes. Los foros y las páginas de preguntas y respuestas son fuentes increíbles para encontrar términos y frases populares relacionadas con su nicho, así como problemas que buscan respuestas.

Crear la mejor lista de palabras clave semilla en función de la variedad de información que encuentre en estas fuentes le dará un impulso real en los siguientes pasos de esta lección.

Las palabras clave no son suficientes por sí solas, pero tener una gama más amplia de palabras clave de calidad ofrece la mejor oportunidad en un momento posterior cuando se trata de procesarlas en lo que realmente desea: la lista de palabras clave ganadoras.

3. Guardar las fuentes de palabras clave jugosas

Mientras navega por estos foros y discusiones, encontrará que algunos son mejores que otros como fuentes de búsqueda de palabras clave actuales. Si están constantemente activos, siempre tendrán el último lenguaje y términos lanzados en su nicho, que es lo que usted quiere para construir su palabra clave semilla.

Si usó MindMeister para su lluvia de ideas, verá que tiene una opción para insertar enlaces o archivos. Cuando tenga la rama a la que hace referencia el enlace más seleccionado, vaya al menú de la derecha.

Asegúrese de haber seleccionado la flecha azul que apunta a la derecha para insertar el enlace en el cuadro debajo de "URL". Asegúrese de que su burbuja esté marcada; en este caso, vaya con "foro de zapatos"; haga clic en "URL" para que aparezca el enlace como la flecha rodeada en el borde de su burbuja.

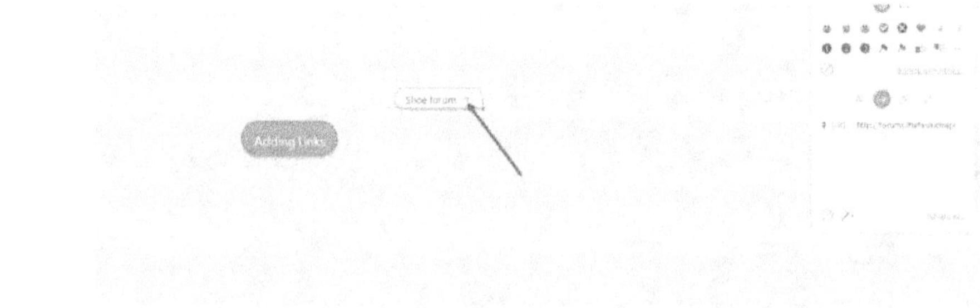

Ahora, cada vez que analice su lluvia de ideas para inspirarse en las palabras clave semilla actualizadas, simplemente haga clic en el enlace más relevante a su nuevo producto, oferta o contenido.

4. No ignore la intención del comprador

Es fácil ser barrido solo con la orientación por palabra clave de alto volumen. Pero no debes ignorar la intención del comprador. Entonces, ¿qué implica?

Las palabras clave para el comprador son palabras o frases que incluyen una indicación de una venta. En otras palabras, agregar palabras o frases como "comprar" o "precios más bajos" al comienzo de una palabra clave generalmente significa que las personas están navegando con esa palabra clave para comprar.

Debe evitar usar solo las palabras clave que llaman la atención de la conversación o las redes sociales, y en su lugar, averigüe qué obtendrá más aciertos en las ventas al final de la escala.

Por ejemplo, alguien que busca "zapatos" podría simplemente estar buscando información general. Alguien que busca "el mejor precio para los zapatos" está prácticamente agarrando la billetera en espera de la compra de lo que está buscando.

Las palabras clave con la intención del comprador a menudo tienen menor competencia porque tienen menos volumen de búsqueda que las palabras genéricas. Pero en teoría, tienen un índice de conversión mucho más alto cuando se investigan y esto los convierte en un recurso muy valioso para explorar.

Observe la perspectiva del comprador, revise su lista de palabras clave y agregue cualquier palabra clave transaccional faltante.

5. Usa las herramientas para generar palabras clave de cola larga

Al igual que con la intención del comprador, cuanto más específicas sean sus palabras clave, más probabilidades tendrá de obtener personas que realmente quieran su producto. Aquí es donde llegan las palabras clave de cola larga.

Puede usar herramientas como <u>Ubersuggest</u> para desarrollar una lista de palabras clave de cola larga altamente específicas. Te mostraré lo fácil que puede ser.

Con Ubersuggest: solo ingrese los detalles relevantes, luego haga clic en sugerir.

Todos los secretos sobre cómo ganar de $ 20,000 a $ 100,000 por mes con programas de afiliados

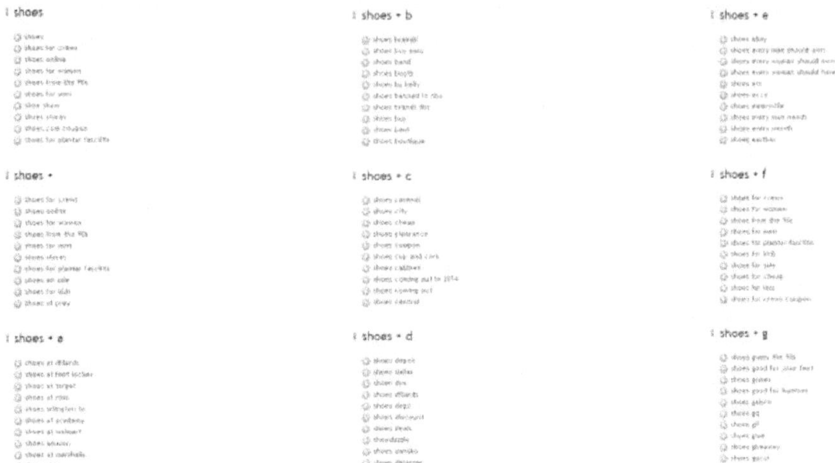

Y ahí está, generadas listas de palabras clave que las personas están buscando en relación con sus palabras.

En este punto, puede buscar contenido. Obtenga las frases que aparecen en una búsqueda y luego agréguelas al cuadro de búsqueda para obtener aún más ideas.

Mantenga una lista de todos los datos de sus palabras clave al exportarlos a CSV para que pueda organizarlos más tarde. Al final de esta fase, debe tener un inventario bastante grande de palabras clave relevantes. Entonces, fuera de esa multitud, ¿cuáles realmente quieres usar?

6. Filtrar palabras clave de alta competición

Aquí es donde el proceso de filtrado entra en juego. Hemos ampliado aún más nuestra lista para obtener el mejor alcance posible, y ahora es el momento de perfeccionar la verdadera calidad. Con Traffic Travis, es fácil determinar la competencia de búsqueda para cada palabra clave determinada.

Cuando Traffic Travis está cargado, asegúrese de haber seleccionado la pestaña SEO, luego elija la opción Competencia en ella.

Todos los secretos sobre cómo ganar de $ 20,000 a $ 100,000 por mes con programas de afiliados

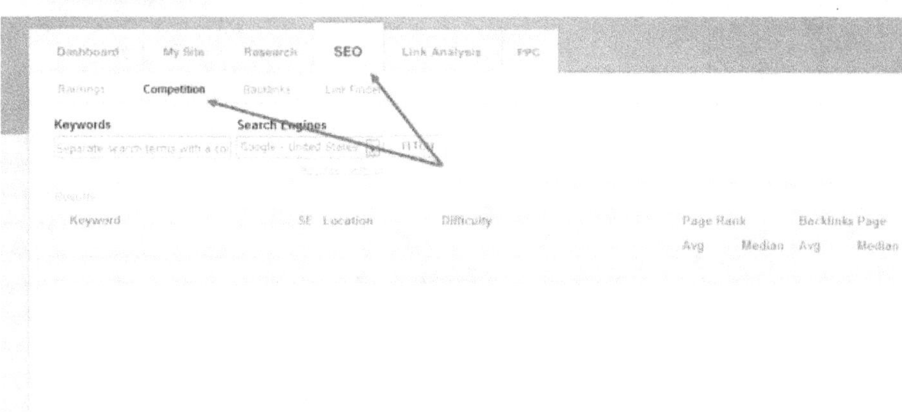

Haga clic en el cuadro de texto Palabras clave y aparecerá una pequeña ventana en la que puede introducir palabras clave.

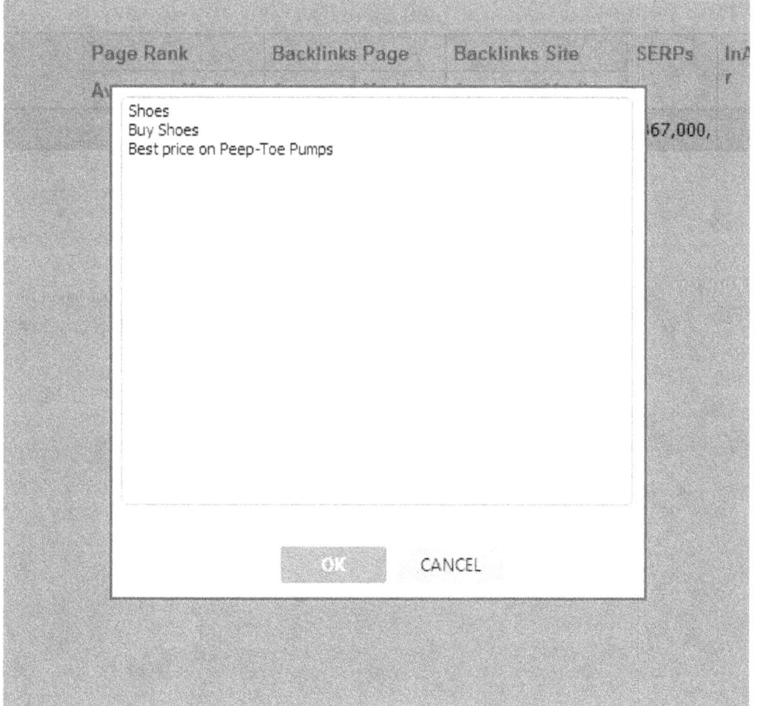

Copie y pegue las palabras en grupos, haga clic en "Aceptar" y deje que la búsqueda haga su propio ejemplo. A continuación, puede ver los niveles de dificultad de diferentes palabras.

Todos los secretos sobre cómo ganar de $ 20,000 a $ 100,000 por mes con programas de afiliados

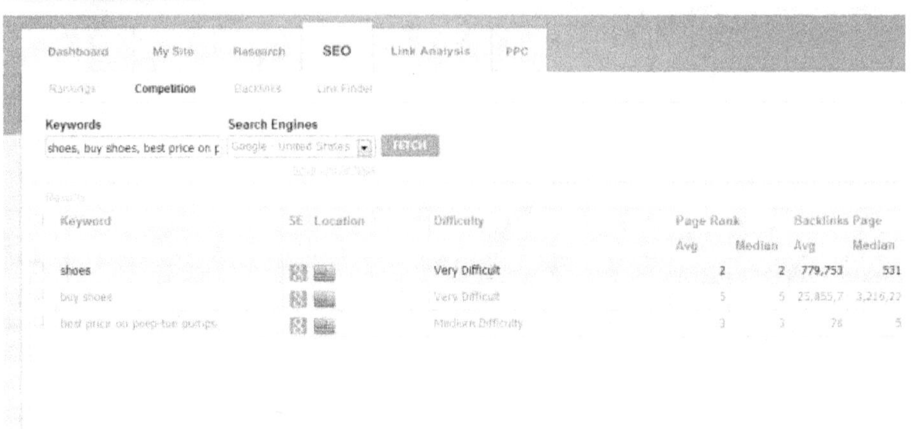

Los "zapatos" y "comprar zapatos" son muy generales, por lo que tiene sentido que tengan un resultado "muy difícil", mientras que "el mejor precio para las bombas peep-toe" es un poco más específico y tiene una dificultad media.

Puede eliminar palabras con "dificultad alta" siempre que sea posible, especialmente si es un afiliado nuevo, ya que es poco probable que obtenga una clasificación suficientemente alta.

Asegúrese de exportar estos resultados de búsqueda a CSV para que pueda organizarlos más tarde.

7. Haga sus selecciones finales de palabras clave

Ahora que ha eliminado los bajos volúmenes de búsqueda y la competencia no deseada, es hora de crear una lista de palabras clave clave que conste de las mejores 30 o 40 palabras clave para un sitio inicial.

Recuerde, cuanto mayor sea el volumen de búsqueda y menor la competencia, haga sus selecciones con esto en mente. Esas palabras clave transaccionales son las más importantes después de esa regla inicial, debido a su mayor nivel de ganancias potenciales.

Una buena manera de poner todo en perspectiva es pensar en buscar palabras clave como vender manzanas de un huerto. Si vas a recoger los primeros que te encuentras en el suelo, es probable que sean media marcha y que nadie los compre.

Tienes que recolectar todo el huerto y pasar las manzanas a través de un proceso de filtrado de calidad.

Puede parecer mucho trabajo para la misma cantidad de palabras clave, pero la diferencia de calidad es lo que podría hacer o no en esta etapa de su estrategia de afiliación.

Con esto en mente, ¡has trabajado para estos resultados! Asegúrese de usarlos para guiar la creación de contenido y los esfuerzos de marketing en el futuro. Utilice un máximo de 5 palabras clave por página.

Un último consejo para su estrategia de palabras clave es utilizar solo la cantidad de palabras clave por página que, naturalmente, puede insertar en su contenido sin correo no deseado o listas. Si solo está llenando la página de palabras clave, apague los motores de búsqueda y las personas y no volverán a su sitio.

Conclusión

Así que el juego está listo! Te mostré cómo desarrollar tus palabras clave. Comenzamos a generar ideas utilizando MindMeister y luego desarrollamos nuestras fuentes de inspiración para ahorrar para más adelante. Hemos enfatizado la importancia de la intención del comprador o las "palabras clave transaccionales" en el proceso de investigación de palabras clave.

Con el inicio y la ejecución de la lista de palabras clave, hemos ampliado la calidad y variedad de las palabras clave con herramientas como Ubersuggest. Luego, Traffic Travis nos ayudó a eliminar las palabras de alta competencia y terminó con nuestra selección de palabras clave finales..

18.   Cómo usar Facebook

Las redes sociales son las personas de todos los rincones del mundo que se conectan a Internet, por lo que es importante difundir que su sitio o su oferta de afiliados es lo que necesitan para ser observados.

En primer lugar, descubriremos el potencial de marketing de Facebook y por qué es tan importante utilizarlo como una herramienta en su estrategia de afiliación. Luego veremos cómo configurar su página para que pueda usar Facebook para ampliar su cobertura de marketing. Una vez que haya configurado todo, debe asegurarse de que su página de Facebook esté diseñada para SEO, así que le explicaré cómo hacerlo.

"Me gusta" es la moneda social de Facebook, por lo que te enseñaré cómo usar este sistema para aumentar el número de personas relevantes que "gustan" de tu página. A medida que desarrollas esta base de fans, debes involucrarte con ellos, tanto para mantener tu página de Facebook activa como para hacer crecer tus redes sociales. Te guiaré a través de las mejores maneras de hacerlo.

Todo esto genera tráfico para Facebook, pero para que sea relevante para su marketing, debe informar el tráfico a sus sitios y ofertas de afiliados. Por último, pero no menos importante, le diré cómo funcionan los anuncios de Facebook y le mostraré cómo hacerlos..

¿Por qué Facebook?

Facebook es la red social número uno, con más de mil millones de personas que la utilizan en todo el mundo. El flujo de información que se difunde en Facebook todos los días es una parte del potencial que usted, como afiliado de marketing, necesita aprovechar para difundir el conocimiento de su sitio de afiliados o sus ofertas.

Cuando otros usuarios de Facebook aprecian lo que ven, tienen una forma simple y fácil de mostrarlo. Al hacer clic en "Me gusta", muestran en su feed que está allí y que están de acuerdo. También pueden hacer clic en "Compartir" para volver a publicarlo en su muro o incluso en el muro de un amigo. Esto puede ser visto por sus amigos, y si a sus amigos les gusta, el mismo proceso vuelve a suceder. Al final, terminas con un efecto de cadena, que comienza desde tu página y se propaga, llegando a una multitud de personas relevantes.

Una de las mejores cosas de este proceso es que su cobertura social aumenta al incluir personas relevantes que tienen más probabilidades de estar interesadas por dos razones. En primer lugar, es más probable que los amigos de aquellos a quienes les haya gustado la publicación tengan intereses similares a los de personas al azar en Internet. Si a un amigo le gustó tu tema, es probable que también sea lo que le interesa.

En segundo lugar, la publicación obtiene un cierto nivel de valor y confianza entre estos amigos de los fanáticos, cuando ven que alguien con quien son amigos ha expresado su agradecimiento haciendo clic en "me gusta".

Todas estas son razones serias por las que no puede darse el lujo de pasar por alto a Facebook como una herramienta poderosa en su estrategia de marketing de afiliados.

Configurando tu página de Facebook

Si aún no tiene una página de Facebook, se estará preguntando cómo comenzar. No se preocupe, es fácil y rápido configurar su página personal, y estoy aquí para guiarlo.

En este ejemplo puramente hipotético, Marco Rossi dirige un sitio llamado "Pierde peso naturalmente" y desea promocionarlo a través de una página de Facebook. Siga, mantenga su nicho en mente y haga selecciones basadas en lo que funcione para usted.

Primero, ve a Facebook y accede a tu perfil personal. Si aún no tiene una, asegúrese de crear una cuenta para poder continuar con la creación de su página de afiliado.

Una vez que haya iniciado sesión, haga clic en la rueda en la parte superior derecha de la pantalla y haga clic en la primera opción, "Crear una página". Esto lo llevará a una página que le muestra todas las categorías entre las que puede elegir. En el caso de Marco, hará clic en la página "Marca registrada o producto" y se desplazará hacia abajo hasta "sitio web".

Aquí es donde ingresa el nombre de su sitio web o promoción de productos, recuerde que debe ser breve y ágil. No intentes rellenarlo con palabras clave. Tenga en cuenta que, para fines de SEO, la primera palabra tendrá más influencia en Google que las otras palabras en su título. En este ejemplo, Mark podría elegir "Perder peso en solo dos semanas" para ser efectivo.

Luego hay tres tarjetas para ser procesadas. El primero se refiere a la creación de la sección acerca de. Para propósitos de SEO, este es un gran lugar para poner palabras clave, pero no solo enumerarlas. Úsalos en un par de oraciones que describan mejor tu tema. En el caso de Marco, "¡Pierda peso en solo dos semanas con productos naturales! Obtenga ahora una promoción en www.perderepeso.com".

Entonces, simplemente ingrese el nombre de su sitio web a continuación, y responda a la pregunta, ¿el tema de su página es un producto real o marca registrada? Por el bien de este ejemplo, haré clic en "no", pero no dude en hacer clic en "sí" si el suyo es.

Luego ingresará su imagen de perfil, ya sea desde su computadora o desde su sitio web. Asegúrese de mantener la imagen del representante igual en Facebook, así como en su sitio web, de modo que el tráfico de A a B pueda identificar rápida y fácilmente que su sitio web está realmente donde intentaban llegar.

Como última opción, puede elegir promocionar su página utilizando el sistema de publicidad interno de Facebook. Si tienes los fondos para hacerlo, esto es definitivamente algo a tener en cuenta. Sin embargo, no tenga prisa, ya que puede optar por esto en cualquier momento, no solo en la fase de configuración inicial.

SEO para tu página de Facebook

Así que tienes una página. Mantuviste el SEO en mente cuando lo creaste. Es hora de ver otras acciones que puede tomar para garantizar un buen SEO para su página de Facebook. Una vez que su página haya alcanzado los 25 me gusta, tiene la opción de crear una URL personalizada.

Los motores de búsqueda otorgan importancia a las URL, así que manténgalos relevantes según el nombre de su marca o sitio web afiliado. Por ejemplo, la URL de Facebook en este caso podría ser www.facebook.com/perderepeso, para que los motores de búsqueda y las personas interesadas puedan comprender y encontrar fácilmente.

Al igual que con cualquier otro sitio web, el backlinking es otra gran manera de aumentar el SEO de tu página de Facebook.

Utilice las actualizaciones de estado para proporcionar regularmente a los motores de búsqueda las palabras clave que necesitan para identificar sus publicaciones y luego la página. Al igual que el nombre de su página, Google atribuye el mayor valor a la primera palabra, por lo que recomendamos establecerla como palabra clave siempre que sea posible.

Google usará los primeros 180 caracteres de sus actualizaciones de estado como una meta descripción, así que trate de mantener actualizaciones de estado cortas y rápidas. Incluir un enlace directo a su sitio de afiliados en sus publicaciones es una buena idea para que pueda dirigir el tráfico de Facebook a su sitio web.

Las "notas" de Facebook se clasifican bien en los motores de búsqueda y representan una oportunidad ampliamente utilizada para el tráfico. Son particularmente útiles para expandir ofertas especiales o eventos. Puede crear una haciendo clic en "Notas" en la sección de Aplicaciones, ubicada en la barra lateral izquierda en la página de inicio de Facebook.

Obtener simpatías atractivas

La página se está ejecutando y está configurada para SEO. Es hora de hablar sobre la administración de su página de Facebook con el objetivo de conseguir que me guste participar. Obtener muchos "me gusta" es importante para hacer crecer a tus seguidores y crear una base sólida para ese efecto multiplicador.

Necesitas usar Like para hacer que el multiplicador funcione. Esto significa personas que seguirán su página y continuarán haciendo clic en Me gusta y compartirán su contenido y actualizaciones con sus amigos.

Para comenzar: si tiene una lista de correos electrónicos de su sitio web afiliado, envíe un correo electrónico para informarles que ahora tiene una página de Facebook e invítelos a verificarlos. Hágales saber que si desean recibir actualizaciones cuando encuentran información interesante sobre su nicho, deberían "gustar" su página. Ten cuidado de no ser intrusivo. Dale información a tus lectores, pero no les digas qué hacer.

Tener una insignia de Facebook en su sitio web afiliado o en otra página muestra a los visitantes que su página de Facebook existe. Esta es otra manera de aumentar su número de me gusta, asegurándose de que su página de Facebook atraiga la atención de las personas que ya aprueban su sitio. Echa un vistazo a los complementos de Facebook para obtener más información sobre cómo agregar una insignia de Facebook a tu sitio.

Evite comprar como. Arruinarán tu página porque a ninguno de ellos les "gustará" o "compartirá" tus publicaciones. Son más como un peso muerto, y parece que ninguno de tus fans está interesado en ti, y puedo asegurarte que te darás cuenta de inmediato.

Esto puede afectar el alcance de sus actualizaciones, evitando que sus verdaderos admiradores vean el contenido que comparte. Necesitas que te gusten las personas que interactuarán contigo y transmitirán tu contenido a otras personas reales, y la forma de obtenerlo es tener contenido de calidad.

Esto es muy importante, así que veré qué elementos lo hacen divertido, compartible o divertido. Mientras lo examinamos, quiero que piense en cuál es su tema, tema o nicho y qué elementos son o no son relevantes para esa audiencia.

Ya sea que los medios que publique sean imágenes, videos o texto, debe tener un núcleo de emociones con el que su público pueda relacionarse. Piense en lo que sería atractivo para su público objetivo.

La comedia es una gran manera de alegrar el día. En Internet, usualmente toma la forma de imágenes o videos cortos. Asegúrese de que tenga buen gusto y apela a la clase de humor que cree que le interesaría a las personas con las que está hablando.

Cuteness también es amado en internet. Las fotos y videos de gatos en particular están en todas partes.

Las historias de noticias interesantes o post-controvertidas pueden aumentar el interés de las personas, pero tenga cuidado de no usar nada que pueda afectar negativamente a su marca. Finalmente, las publicaciones inspiradoras son una panacea y se difunden fácilmente en Facebook.

También puede producir publicaciones educativas, como las últimas noticias científicas, o un artículo que desmiente los mitos actuales y populares que flotan en los sitios web de las redes sociales. Listas como "Las 10 canciones de los 90" o "Cómo entrenar a un gato en 5 pasos" también son buenas.

Adictivo con los fans

Así que obtener gustos interesantes es una cosa, pero mantenerlos es otra. Y es lo más importante. Debes interactuar con tus fans con regularidad. Mantén alta la calidad de tus mensajes. No publique demasiado, no publique muy poco. Necesitas hacer la cantidad correcta de correos.

A menos que tenga una página de noticias, 1 a 4 mensajes en una semana son un buen objetivo dependiendo de qué tan pesado sea su contenido. Con esto, quiero decir que si sus publicaciones tienden a ser noticias o entretenimiento ligero, una publicación más frecuente es una mejor opción. Con publicaciones más pesadas como videos o enlaces a artículos, una vez por semana es suficiente.

Manténgase optimista, manteniendo un estilo de contenido que los espectadores esperan. Por ejemplo, el estilo de sus publicaciones debe ser atractivo y apropiado, y el contenido debe tener valor para los fanáticos.

Use las aplicaciones de manera creativa para que su público objetivo de Facebook pueda interactuar con usted. Cree encuestas, como "cuánto tiempo quiere perder peso". Esta también es una buena manera de hacer que las personas comenten sus publicaciones, ya que las publicaciones de las preguntas tienen un promedio de 100% más de comentarios que las publicaciones que no se discuten.

También crea juegos y concursos. La gente los ama y, a menudo, redirige los resultados de un cuestionario a su página. A la gente también le gustan los productos gratuitos, así que crea ofertas y promociones exclusivas en Facebook. Por ejemplo, podría decir "A 100 acciones de este post, ofrezco una buena compra para ..." "O un regalo ..."

Dirigir el tráfico de Facebook a la página de afiliados/ofertas

Ahora es el momento de ir a trabajar. Puede acumular simpatías fascinantes y una gran audiencia en Facebook, pero como afiliado esto no significa nada hasta que obtiene ese tráfico en su sitio web y ofertas, y luego lo vende.

Es mejor pensar en cómo filtrar para construir la relación que desea, en lugar de buscar balas promocionales de spam. Una proporción de 80% de contenido de entretenimiento y 20% de promoción te ayuda a construir esa relación para que puedas promocionar tu sitio de afiliados sin alejar a las personas.

Asegúrese de que lo que está promocionando es su sitio de afiliados en lugar de una venta directa. En este punto, es mejor convertir el tráfico en clientes potenciales que estén familiarizados con su sitio web, de modo que más personas estén interesadas en ir allí para ver su contenido, ya sea una publicación de blog o una publicación de blog. Artículo, o incluso un trato especial.

Una vez que haya capturado a una audiencia con un motivo atractivo para volver a su sitio, envíelo a una página de compresión para que pueda incluirlo en su lista de correo electrónico. Esto le permitirá expandir su estrategia de marketing de afiliación de Facebook a su sitio con inclusión en marketing por correo electrónico, lo que es importante para que usted cree como afiliado. Como dicen, **"¡El dinero está en la lista!"**

Publicidad en Facebook

Otra forma de obtener una parte de la base masiva de usuarios de Facebook en su página de Facebook, sitio de afiliados u ofertas es utilizar los anuncios de Facebook. Los anuncios de Facebook son un poco como los anuncios de pago por clic, pero también hay una opción para pagar por 1000 impresiones (CPM).

Le ayudan a dirigirse a audiencias específicas porque Facebook tiene información sobre edades, lugares y cuáles son sus intereses generales, por lo que tiene publicidad dirigida. Esto es útil para acelerar el tráfico a una oferta rápida si tiene el presupuesto para hacerlo. Echemos un vistazo rápido a la configuración de los anuncios de Facebook.

Encontrará una opción para crear un anuncio desde su cuenta personal de Facebook en el menú desplegable que aparece al hacer clic en la rueda pequeña en la esquina superior derecha.

Todos los secretos sobre cómo ganar de $ 20,000 a $ 100,000 por mes con programas de afiliados

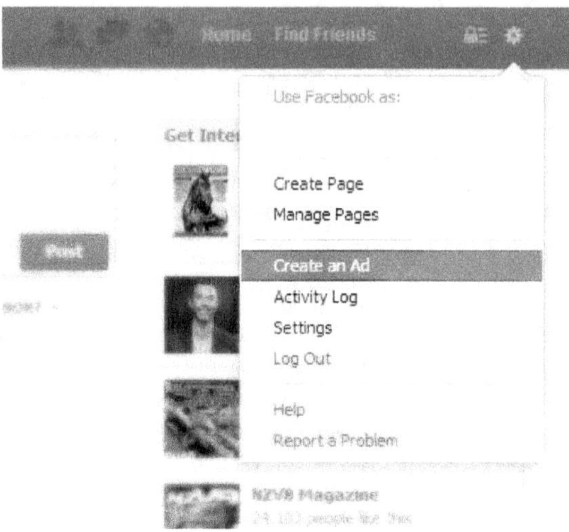

Hay una selección de opciones para cumplir diferentes objetivos. Si desea que más personas interactúen con su página, elija la opción de arriba, o para la página que me gusta, seleccione la de abajo. Para enviarlos a una página de compresión, intente las conversiones de sitios web para que pueda hacer un seguimiento de cuántos clics se convierten en registros de correo electrónico.

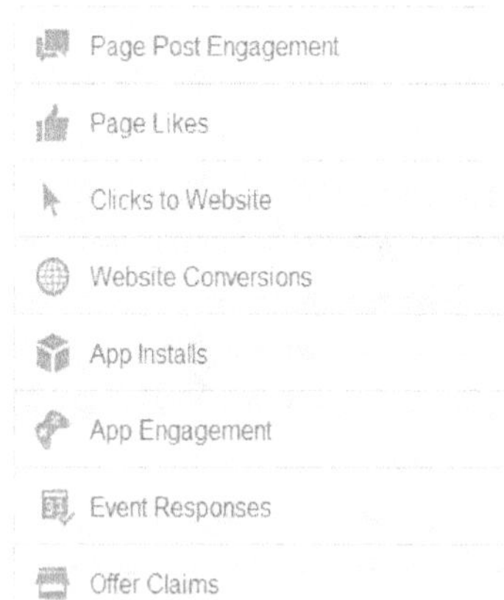

Para incluirlos en el contenido o las ofertas de su sitio web, intente hacer clic en el sitio web, una vez que agregue su sitio web, puede agregar imágenes. Intente enfocarse en seis imágenes para tener un rango diferente y siga el tamaño de imagen recomendado de 600 por 315 píxeles.

El siguiente paso en el proceso le permite vincular su anuncio a su página de Facebook. El enlace aún se transfiere al sitio web, pero esto le da un poco más de publicidad a su página y ayuda a crear la asociación entre su página de Facebook y su sitio. También puede agregar un botón de llamada a la acción si tiene uno.

Asegúrese de que cuando cree el título y el texto en las secciones de la parte inferior izquierda, elija frases rápidas, "perder peso en dos semanas" para que sea lo más efectivo posible con su propia página.

Este siguiente bit es importante para que sus anuncios sean las personas adecuadas. ¿Cuál es el mercado objetivo para su sitio afiliado? Agregue lugares, edades, género, idiomas e intereses para asegurarse de que su anuncio sea lo suficientemente específico como para llegar a la mejor audiencia. Incluso puede agregar datos demográficos adicionales con el cuadro desplegable debajo de los idiomas.

Utilice la orientación avanzada de la conexión para llegar solo a personas con ciertas características. El indicador en la parte superior derecha le dirá qué tan amplia o específica es su búsqueda. En un presupuesto más bajo, debe ser lo más específico posible. Si tiene un presupuesto alto, puede permitirse ampliarlo más.

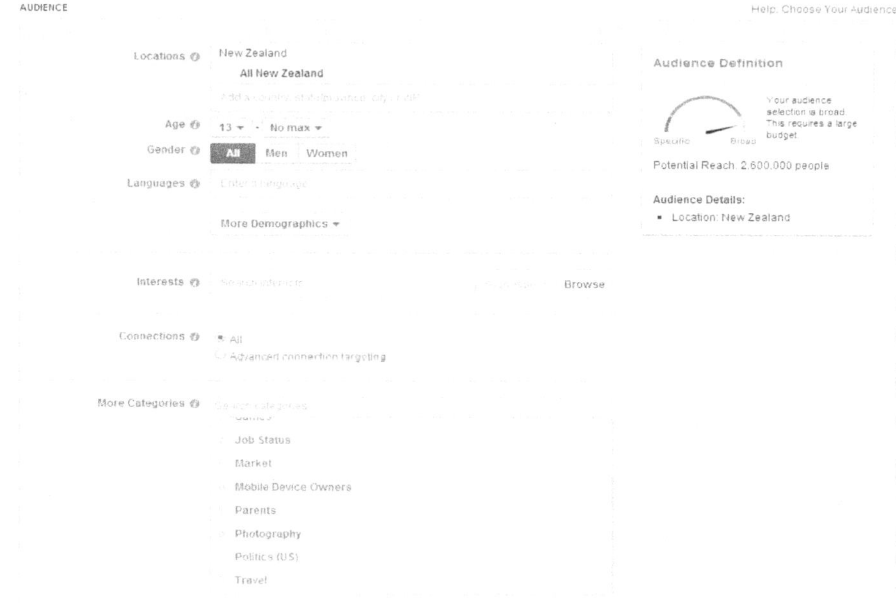

Finalmente, ingresa la configuración de la cuenta, incluida la moneda, el país y la zona horaria. Establezca el presupuesto, como la cantidad X de euros por día, luego configure el anuncio para que se ejecute continuamente o comience y finalice en fechas específicas.

Los anuncios de Facebook que se muestran se deciden en función de una serie de factores, incluida la competencia del mercado, el público objetivo y el historial de rendimiento de los anuncios. En la sección Ofertas y precios, puede optimizar automáticamente la oferta para obtener más clics.

Esto es útil para garantizar que su oferta no esté demasiado baja para la publicación de anuncios, pero también que no pague más por una impresión o un clic de los necesarios.

ACCOUNT AND CAMPAIGN   Help: Campaign

Account Settings

These settings cannot be changed once you create your ad.

Account Currency

Account Country

Account Time Zone

Campaign and Budget

Name

Budget   Per day ▾

Schedule   • Run my campaign continuously starting today

    Set a start and end date

BIDDING AND PRICING   Help: Bidding and Pricing

Bidding   Bid for clicks ▾

Pricing   Your bid will be optimized to get more clicks on your ad. You will be charged every time someone is shown your ad.

   • Automatically optimize your bid to get more clicks

    Manually set your maximum bid for clicks (CPC)

Review Order

Conclusión

Así que el juego está listo! Una guía completa para usar Facebook como afiliado, por qué debe usarla primero, hasta que cree su SEO y páginas de Me gusta, así como atraer a sus fanáticos para atraer tráfico a su sitio y ofertas de afiliados. También descubrimos la publicidad en Facebook.

Lo más importante que debes recordar es mantenerte actualizado con publicaciones de calidad que no sean spam, pero alentar al público a apreciar realmente lo que estás tratando de mostrarles. Utilice los ganchos de la guía de calidad y, si puede costearlo, los anuncios de Facebook, para atraer el tráfico a su sitio web.

19.　Cómo usar Twitter

Para enseñarle todo sobre el uso de Twitter como afiliado, cubriremos una amplia gama de temas para ayudarlo a tener éxito.

Comenzamos conduciendo a través de lo que es Twitter, para saber por qué debe usarlo y qué puede hacer allí. Así que lo simplificamos al guiarlo a través de los movimientos de su perfil personal. De esta manera no tienes razón para no intentarlo!

Averigüemos cómo hacer que esos tweets funcionen y luego qué poner para llamar la atención en el vasto coro de tweets en Twitter.

Averigüemos cómo obtener más seguidores para el máximo impacto de los tweets. En última instancia, todo este apoyo social es para ayudarlo con una estrategia que se relaciona con sus objetivos de afiliado, para que descubramos cómo llevar los frutos de su trabajo, es decir, sus seguidores, a su sitio web y sus ofertas.

Así que tratemos de comprender por qué no puedes permitirte no usar Twitter y lo que realmente puedes hace.

Introducción a Twitter

Básicamente, es enorme. La base de usuarios de Twitter es realmente impresionante. En segundo lugar solo a Facebook, tiene más de 300 millones de visitantes mensuales únicos estimados.

1 | Facebook
3 - eBizMBA Rank | **900,000,000** - Estimated Unique Monthly Visitors | 3 - Compete Rank | 3 - Quantcast Rank | 2 - Alexa Rank
The Most Popular Social Networking Sites | eBizMBA

2 | Twitter
14 - eBizMBA Rank | **310,000,000** - Estimated Unique Monthly Visitors | 25 - Compete Rank | 5 - Quantcast Rank | 11 - Alexa Rank
The Most Popular Social Networking Sites | eBizMBA

Twitter es muy simple: los mensajes cortos que las personas intercambian son fáciles y a las personas les encanta este simple intercambio para compartir información entre sí, por lo que puede obtener un gran beneficio incluso al usarlo solo durante 15 minutos al día. .

Los mensajes en Twitter se llaman "tweets" y puede enviarlos a sus seguidores y al público en general. Tienen un límite de 280 caracteres, por lo que es fácil producir muchos en un corto espacio de tiempo.

Twitter permite a las personas seguir los tweets de otros cuando se encuentran con algo que les gusta. Lo usará para obtener tráfico regular en su cuenta de Twitter y, por supuesto, en su sitio web afiliado.

Se ve bastante bien, ¿verdad? Averigüemos cómo crear su cuenta de Twitter para permitirle obtener su Tweet.

Cómo empezar con Twitter

Vaya a Twitter y regístrese para obtener una cuenta. Complete todos los detalles requeridos, como nombre, dirección de correo electrónico, nombre de usuario y contraseña.

Una vez ingresado, ingrese los detalles en su página. Haga esto para asegurarse de que su perfil de Twitter sea accesible y fácil de entender para otros usuarios de Twitter que puedan estar interesados en el sitio web de su afiliado.

Su sección de "Información" también es un buen lugar para ingresar palabras clave, así como la URL de su sitio afiliado, porque las personas pueden buscarlo según las palabras que contenga su biografía.

No te olvides de añadir una foto de perfil. Asegúrese de que esto sea relevante para su marca, de modo que pueda identificarse fácilmente en su sitio web cuando los seguidores de Twitter lo sigan. (usa la misma imagen usada para Facebook y el sitio)

Cuando haya configurado el perfil, seguir a otras personas que twittean contenido relevante para su nicho es una excelente manera de llamar la atención sobre su nuevo perfil de Twitter, así que asegúrese de encontrar alguno.

Simplemente escriba las palabras clave de su nicho en la barra de búsqueda, seleccione si desea examinar los perfiles o biografías y haga clic en el botón "Seguir".

Followerwonk le proporciona una lista de usuarios de Twitter relacionados con su palabra clave. Puedes ver y ordenar según la cantidad de tweets que hayas twitteado, cuántas personas están siguiendo, cuántos seguidores tienen, cuánto tiempo están activos en Twitter y su autoridad social.

Ahora que necesitas reclutar seguidores, también debes darles algo para leer, y ahí es donde llegan tus tweets.

Como tuitear

Entonces, ¿cómo se hace esta historia de tuitear? Publicar un Tweet es muy simple. Simplemente haga clic en el cuadro "Twitta" en el lado derecho de la pantalla e ingrese el texto.

Una vez que haya ingresado el texto, haga clic en el botón azul "Twitta" y ¡listo!

En Twitter, colocar el símbolo de hash (#) antes de una palabra o frase utiliza el llamado "hashtag". Esto permite que las personas interesadas en la palabra clave puedan ver tus tweets, te sigan o no. Ni siquiera los hashtags deben estar al principio o al final de tu tweet. Puede colocarlos en cualquier lugar en su frase.

Si hace clic en una palabra de etiqueta, verá que otros tweets también están etiquetados con esa palabra clave.

Así es como los no seguidores con intereses relevantes pueden encontrarlo y, lo que es más importante, cómo puede encontrarlo.

Tenga cuidado de no enviar spam a todos los tweets con demasiados hashtags. El uso de más de dos es excesivo. Enfóquese solo en las palabras más relevantes para asegurarse de que sus tweets alcancen su marca.

Lo mejor de esto es que extiende tu alcance al permitir que sus seguidores se abran paso a través del Tweet. La mayoría de los usuarios de Twitter incorporan continuamente enlaces en sus tweets, y es una buena posibilidad que te vuelvas a vincular a tu sitio de afiliados o tu oferta.

Escribe mejores tweets

Sus tweets son su voz aquí, por lo que es esencial hacerlos de alta calidad. ¿Por qué? El ciclo de las redes sociales. Los grandes tweets consiguen más seguidores. Un mayor número de seguidores conduce a un mayor nivel de participación en las redes sociales. Este compromiso es lo que finalmente conduce al tráfico.

Las pruebas muestran que los mejores títulos son los que llaman la atención sobre la enorme masa de tweets que vuelan todos los días. Puede aumentar la tasa de conversión en un sitio web o enlace del 73% y asegurarse de que su título sea convincente.

Hágalo relevante para su nicho y realmente intente llegar a la cabeza de su audiencia para producir un título en el que haga clic.

Lo primero es dominar el arte del máximo impacto en un espacio mínimo. Sólo tienes 280 caracteres. Asegúrate de tener 10 segundos para llamar la atención de alguien, es un método efectivo.

Cada vez que escribes un tweet, ¿crees: tienes toda la información, los hashtags y los enlaces que necesito, nada más y nada menos? "Mantenga lo más rápido e interesante posible incluyendo solo lo que necesita.

Cómo conseguir más seguidores

Así que ha creado sus enlaces a su página de Twitter, sitio de afiliados u ofertas de Ri-Tweetable. Ahora solo tienes que dar a tus seguidores una razón para querer compartir tu tweet.

Si bien Tweetear es el idioma, los seguidores son la población y usted desea la mayor cantidad de fieles posible.

Resiste la tentación de ir y comprar seguidores en Twitter. Probablemente serán cuentas falsas o no reactivas y podría terminar siendo prohibido, lo cual es lo último que desea para su marca.

Anuncie que tiene Twitter en su sitio de afiliados y que las personas deben seguirlo para obtener contenido actualizado.

Encuentre a esas personas relevantes a través de sus tweets y sitios web como Followerwonk. Sin embargo, tenga cuidado de no ser demasiado entusiasta con esto, porque si sigue a más personas la cantidad de seguidores que tiene, corre el riesgo de perder autoridad. Sea selectivo para convertirse en una personalidad más influyente.

Dirígete a personalidades más influyentes e interactúa con ellas además de tu suite. Participa en sus conversaciones. Intenta agregar algo útil e interesante o mostrar agradecimiento si tienen un Tweet interesante. Sobre todo, enfóquese en seleccionar a aquellos con una gran influencia en su nicho en Twitter.

Para evitar deslizarse fuera del radar de sus nuevos seguidores, debe publicar tweets regulares. Intente apostar al menos 1 o 2 tweets al día para demostrar que su cuenta está activa

Estrategias Tweet

La estrategia general de usar Twitter como afiliado es dirigir el tráfico a su sitio de afiliado a través de las interacciones de las redes sociales, y la clave es una transición fluida y sin problemas del paciente.

Twitter es para la interacción social, su sitio de afiliados está a la venta. Use Twitter como cebo para traerlos de vuelta a su sitio, no solo un gancho para capturarlos en una venta directa. Si ven un gancho, no muerden.

Enlace a testimonios de calidad, publicaciones de blogs u otros para llevarlos a su sitio de afiliados, así como a otra información valiosa en la que puedan estar interesados. Sin embargo, siempre dile a la gente a lo que te estás conectando. A nadie le gusta que lo engañen y, si el enlace se dirige a algo diferente o de mala calidad, no será exactamente su mayor fan.

Si un seguidor se involucra contigo, asegúrate de responder lo más rápido posible; gracias a ellos, tu página crece, hazles preguntas para mantener un diálogo sobre algo genuino. Nadie está tratando de ser un amigo robot, así que sé lo más humano posible para construir la mejor relación con tu audiencia.

Tweeta cuando tus seguidores están realmente en línea para garantizar las mejores posibilidades de interacción. Puede consultar cuáles son sus horas más vistas en línea en Followerwonk y también cuándo necesita estar activo.

Por ejemplo, si su nicho de mercado es la aptitud, Análisis Followerwonk muestra que sus contactos de Twitter tienden a venir en línea 17:00-19:00, es posible que esté a la motivación para su rutina de entrenamiento después de el trabajo

Esto significa que necesita publicar alrededor de las 17:00 para una exposición máxima.

Conclusión

Hemos visto las distintas etapas de Twitter, cómo configurar su perfil y obtener tweets. Compartimos información sobre cómo escribir los mejores tweets para cautivar a las audiencias y luego crear su propia base de seguidores, sin mencionar las estrategias finales para transformar su uso de las redes sociales en una afiliación exitosa.

20. La importancia del e-mail marketing

¿Qué tan importante es el email marketing?
Es muy importante tener una lista de correo electrónico para marketing de afiliados, idiría **FUNDAMENTAL!** Varios afiliados ganan miles de dólares solo por su email marketing.

Aunque puede ganar buen dinero simplemente con el "corretaje de tráfico", es decir: al promocionar un producto, ganar una comisión en una venta y dejarlo en ese momento, puedo decirle que no ha visto nada comparable al beneficio que podría obtener con un boletín informativo.

Para darle una idea del poder del marketing por correo electrónico: la mayoría de los especialistas en marketing consideran que agregar una serie de boletines de noticias duplica automáticamente sus ingresos; de hecho, no es raro que las personas aumenten sus ingresos hasta cinco veces.

Mark Ling dice que un correo electrónico de boletín enviado recientemente le valió un cuarto de millón de dólares en 4 días; para promociones regulares, recibirá fácilmente $ 10,000 en ventas de un solo correo electrónico.

Otro vendedor importante en Internet, Frank Kern, afirma haber ganado más de 1 millón de dólares en menos de 4 horas con un solo correo electrónico. Si estas cifras no atraen su atención, entonces nada lo hará.

¿Por qué el email marketing es tan inmensamente rentable?
El marketing por correo electrónico es sumamente rentable porque, en efecto, le permite realizar ventas continuas a compradores comprobados. (ya interesado en tus productos)

Usted trabajó tan duro para atraer visitantes a su sitio, iparece una pena perder esta gran oportunidad! Una lista de boletines le permite mantenerse en contacto con una gran proporción de visitantes a su sitio. Y te permite seguir vendiéndolos durante meses, si no incluso años. Y a estos se añaden constantemente otros.

Otra gran ventaja de un boletín informativo es que también puede usarlo para promocionar nuevos productos que se lanzan. Esta es una forma muy efectiva de aumentar el entusiasmo, por lo que el día del lanzamiento, sus suscriptores comprarán automáticamente su producto. Un lanzamiento típico de un producto puede ser rentable, pero sin una lista de correo electrónico, perderá muchas ganancias ya seguras.

Tipos de boletines: solo en línea o por correo electrónico
Los productos que usted está promoviendo determinarán qué tipo de boletín funcionará mejor. Hay dos tipos:

1. **El boletín en línea:** es aquí donde envía un breve boletín por correo electrónico que contiene una breve introducción seguida de un enlace, en el que el lector debe hacer clic para leer el resto del contenido. La ventaja de un boletín en línea es que puede hacer que se vea bien con buenos gráficos y diseño. Y, lo que es más importante, le permite alojar video y audio, lo cual es muy importante para temas como "aprender la guitarra" o "aprender español".

2. La alternativa es el **boletín informativo por correo electrónico**: los boletines informativos por correo electrónico indican que el texto completo está contenido en el correo electrónico mismo. En general, prefiero usar este estilo de boletín simplemente porque de lo contrario, con cada acción que le pides a la gente que realice, pierdes a la gente: cuando llegas allí, ¡la gente es perezosa! Entonces, como regla general, los boletines por correo electrónico reciben más lectores.

Al decir esto, algunos temas se adaptan mejor a los boletines en línea, como ya hemos dicho, especialmente los temas que requieren multimedia para ser más efectivos.

Finalmente, también hay un tercer tipo de correo electrónico, que es una especie de híbrido entre el boletín en línea y el blog. Si tiene un blog, es posible que desee publicar un "boletín informativo en vivo", donde los boletines son las publicaciones de su blog y enviar un breve correo electrónico que contenga un teaser y un enlace cada vez que agregue una nueva publicación. Esto es lo que hago y me pareció una forma efectiva de atraer más lectores al blog.

Resumen de la lección
En esta lección, aprendió cuánto marketing por correo electrónico es extremadamente rentable para los afiliados y por qué el tipo de correo electrónico que envía depende de si está promocionando los medios o no.

CONCLUSIÓN

Llegamos a la conclusión de esta guía. Espero haberles dado toda la información que necesitaban para iniciar este nuevo negocio. Sé que ahora querrá comenzar de inmediato a poner en práctica lo que le he dicho, y también es correcto. Pero una vez más, no omita los pasos que le expliqué, elija con calma el "nicho" para trabajar porque es MUY IMPORTANTE. Pierde un poco de tiempo por lo que no tendrá ningún problema más tarde, he estado allí mucho antes que usted y sé lo que significa perder tiempo al principio y no lograr resultados de inmediato.

Con esto te saludo y te deseo mucho ÉXITO y DINERO ☺